持続可能な社会に向けて

京都経済短期大学　経営・情報学会　編

晃洋書房

は じ め に

　エネルギー問題，自然環境の破壊，グローバル化の成熟に伴う諸問題，超高度情報化社会の到来，国際的な企業間競争の激化，等々が社会問題として顕在化している．現代社会においては，様々な学術分野における持続可能な発展への理論や具体的な施策が求められている．持続可能性について言及する場合，当然のことながら，一過性の理論，事例や実証ではなく，将来を見据えた考察・分析に基づく骨太な学術体系が求められる．もちろん，将来にわたっても色褪せない体系を構築するためには，過去に蓄積された理論や学説への分析も入念に行わなければならない．過去を学び，その知見を未来に活かすことが必要である．

　本書は，経済学，経営学，会計学，情報学，英語教育という５つの視点から，それぞれの分野が抱える課題に応じた，持続可能性に関する論稿集である．それぞれの論稿において，先行研究（基礎的な理論・学説）の整理や豊富な教育経験等に基づき，今日的な課題が俎上に挙げられる．さらには入念な分析・考察を踏まえた上で，持続可能な社会への道筋が提示される．したがって，本書が想定する読者層は，初学者から研究者まで幅広く設定される．

　本書を手に取ってくださった方々に，持続可能な社会の実現に向けて関心を持ってもらえたのなら，筆者らにとって望外の喜びである．

京都経済短期大学 経営・情報学会

目　　次

第1章 持続可能な社会と企業の経営戦略
——健康経営とイノベーションについて——

はじめに

　近年，持続可能な社会に向けて，産業界や企業にて営利目的の活動とともにCSRやCSVの取り組みをはじめ，企業活動と環境や地域社会との共存共栄及び共創を図るべく，さまざまな取り組みを行っている．この章では，イノベーション・マネジメントの視点で持続可能な社会にむけて企業などの経営戦略を考えた際，ここ数年，数多くの企業や団体が取り組んでいる「健康経営」について，イノベーションの可能性を踏まえてまとめる．

1 健康経営について

　日本における「健康経営[1]」とは，所管している経済産業省によると「従業員の健康保持・増進の取組が将来的に収益性等を高める投資であるとの考えの下，健康管理を経営学的な視点で考え，戦略的に実践すること」と定義している．

　また，特定非営利活動法人健康経営研究会の定義としては，「健康経営とは「企業が従業員の健康に配慮することによって，経営面においても 大きな成果が期待できる」との基盤に立って，健康を経営的視点から考え，戦略的に実践することを意味しています．」と示されている．

　2022年度の現在，健康経営には2種類の顕彰制度があり，経済産業省と東京証券取引所共催の「健康経営銘柄」と経済産業省と日本健康会議共催の「健康経営優良法人」がある．また，顕彰制度は大企業向けと中小企業向けに分けられており，大企業向けは上位より，「健康経営銘柄」，「健康経営優良法人

（大規模法人部門（ホワイト 500））」，「健康経営優良法人（大規模法人部門）」の認定がある．中小企業向けでは，上位より「健康経営優良法人（中小規模法人部門（ブライト 500））」，「健康経営優良法人（中小規模法人部門）」の認定がある．これ以外にも，健康経営に関しての地方公共団体における認定制度等もある．

なお，経済産業省が共催している顕彰制度は年々認定数が増えてきており，2022 年 3 月の発表においては，健康経営銘柄で 50 社，ホワイト 500 で 500 社，健康経営優良法人（大企業部門）で 2299 社，ブライト 500 で 500 社，健康経営優良法人（中小規模法人部門）で 1 万 2255 社が認定されている．2022 年度の認定要件を**表 1 - 1**，2015 年以降の認定数については，**表 1 - 2** に示す．

ちなみに，健康経営の申請者数，認定数ともに，2022 年時点で過去に一度も減少したことがない状況である．つまり健康経営に取り組んでいる企業は年々増え続けていることを表しており，健康経営の取り組みは企業にとって基礎的な取り組みになってきている．

健康経営の取組の歴史は浅く，まだ表されていない感覚値のようであるが，今後多くの研究及び検証により健康経営と経営について明らかにされていくことだろう．また，健康経営が，これからの企業経営にとってますます重要になっていくものと考えられる．

2 研究目的と意義

日本は少子高齢化に伴い生産年齢人口が減少し，年金や保険等の社会保険財政はひっ迫している．その中で，政府は健康寿命の延伸をキーワードにさまざまな施策を実施している．たとえば，厚生労働省では，現在の社会保険制度（財政等）を維持するために，年金支給開始年齢の引き上げや，女性活躍推進法による女性の社会進出の推進，また企業へは定年延長を働きかけて高齢者になっても長く働けるように職場環境の整備や，従業員に対してメンタル対策のストレスチェック制度を導入してきた．そして，経済産業省では，高齢化に伴い生産年齢人口の減少を鑑み，1 人当たりの生産性を高めると同時に日本におけるイノベーションの推進や，企業活動において病気になっても働ける職場環境（両立支援）の改善をめざした「健康経営銘柄」の公表や「健康経営優良法

表 1 - 1　認定要件

・大規模法人部門の認定要件

健康経営銘柄 2022 選定及び健康経営優良法人 2022（大規模法人部門）認定要件

大項目	中項目	小項目	評価項目	認定要件	
				大規模	銘柄・ホワイト 500
1．経営理念・方針		健康経営の戦略，社内外への情報開示	健康経営の方針等の社内外への発信	必須	
		自社従業員を超えた健康増進に関する取り組み	① トップランナーとしての健康経営の普及	左記 ①〜⑯ のうち 13 項目以上	必須
2．組織体制		経営層の体制	健康づくり責任者の役職	必須	
		実施体制	産業医・保健師の関与		
		健保組合等保険者との連携	健保組合等保険者との協議・連携		
3．制度・施策実行	従業員の健康課題の把握と必要な対策の検討	健康課題に基づいた具体的な目標の設定	健康経営の具体的な推進計画	必須	
		健診・検診等の活用・推進	② 従業員の健康診断の実施（受診率 100%）	左記 ①〜⑯ のうち 13 項目以上	左記 ②〜⑯ のうち 13 項目以上
			③ 受診勧奨に関する取り組み		
			④ 50 人未満の事業場におけるストレスチェックの実施		
	健康経営の実践に向けた土台づくり	ヘルスリテラシーの向上	⑤ 管理職・従業員への教育 ※「従業員の健康保持・増進やメンタルヘルスに関する教育」については参加率（実施率）を測っていること		
		ワークライフバランスの推進	⑥ 適切な働き方の実現に向けた取り組み		
		職場の活性化	⑦ コミュニケーションの促進に向けた取り組み		
		病気の治療と仕事の両立支援	⑧ 私病等に関する復職・両立支援の取り組み		
	従業員の心と身体の健康づくりに関する具体的対策	保健指導	⑨ 保健指導の実施および特定保健指導実施機会の提供に関する取り組み ※「生活習慣病予備群者への特定保健指導以外の保健指導」については参加率（実施率）を測っていること		
		具体的な健康保持・増進施策	⑩ 食生活の改善に向けた取り組み		
			⑪ 運動機会の増進に向けた取り組み		
			⑫ 女性の健康保持・増進に向けた取り組み		
			⑬ 長時間労働者への対応に関する取り組み		
			⑭ メンタルヘルス不調者への対応に関する取り組み		
		感染症予防対策	⑮ 感染症予防に向けた取り組み		
		喫煙対策	⑯ 喫煙率低下に向けた取り組み		
			受動喫煙対策に関する取り組み	必須	
4．評価・改善		健康経営の推進に関する効果検証	健康経営の実施についての効果検証	必須	
5．法令遵守・リスクマネジメント			定期健診を実施していること，50 人以上の事業場においてストレスチェックを実施していること，労働基準法または労働安全衛生法に係る違反により送検されていないこと，等．※誓約事項参照	必須	

・中小規模法人部門の認定要件

健康経営優良法人 2022（中小規模法人部門）認定要件

大項目	中項目	小項目	評価項目	認定要件	
1．経営理念・方針			健康宣言の社内外への発信・経営者自身の健診受診	必須	
2．組織体制			健康づくり担当者の設置	必須	
			（求めに応じて）40 歳以上の従業員の健診データの提供	必須	
3．制度・施策実行	従業員の健康課題の把握と必要な対策の検討	健康課題に基づいた具体的な目標の設定	健康経営の具体的な推進計画	必須	
		健診・検診等の活用・推進	① 従業員の健康診断の受診（受診率実質100%）	左記 ①～③ のうち2項目以上	ブライト500は左記①～⑮のうち13項目以上
			② 受診勧奨に関する取り組み		
			③ 50 人未満の事業場におけるストレスチェックの実施		
	健康経営の実践に向けた土台づくり	ヘルスリテラシーの向上	④ 管理職・従業員への教育	左記 ④～⑦ のうち1項目以上	
		ワークライフバランスの推進	⑤ 適切な働き方の実現に向けた取り組み		
		職場の活性化	⑥ コミュニケーションの促進に向けた取り組み		
		病気の治療と仕事の両立支援	⑦ 私病等に関する両立支援の取り組み		
	従業員の心と身体の健康づくりに関する具体的対策	保健指導	⑧ 保健指導の実施または特定保健指導実施機会の提供に関する取り組み	左記 ⑧～⑮ のうち4項目以上	
		具体的な健康保持・増進施策	⑨ 食生活の改善に向けた取り組み		
			⑩ 運動機会の増進に向けた取り組み		
			⑪ 女性の健康保持・増進に向けた取り組み		
			⑫ 長時間労働者への対応に関する取り組み		
			⑬ メンタルヘルス不調者への対応に関する取り組み		
		感染症予防対策	⑭ 感染症予防に関する取り組み		
		喫煙対策	⑮ 喫煙率低下に向けた取り組み		
			受動喫煙対策に関する取り組み	必須	
4．評価・改善			健康経営の取り組みに対する評価・改善	必須	
5．法令遵守・リスクマネジメント			定期健診を実施していること，50 人以上の事業場においてストレスチェックを実施していること，労働基準法または労働安全衛生法に係る違反により送検されていないこと，等 ※誓約事項参照	必須	

上記のほか，「健康経営の取り組みに関する地域への発信状況」と「健康経営の評価項目における適合項目数」を評価し，上位500 法人を健康経営優良法人 2022（中小規模法人部門（ブライト 500））として認定する.

（出所）経済産業省ホームページ「健康経営優良法人の申請について（2022 年）」
（https://www.meti.go.jp/policy/mono_info_service/healthcare/kenkoukeiei_yuryouhouzin_shinsei.html，2022 年 5 月 5 日閲覧）.

表 1-2　2015 年以降の認定数

年度	健康経営銘柄	健康経営優良法人（ホワイト 500）	健康経営優良法人（ブライト 500）
2015	22		
2016	25		
2017	24	235	318
2018	26	539	775
2019	37	813	2501
2020	40	1472 （495）	4811
2021	48	1801 （500）	7934 （500）
2022	50	2299 （500）	12255 （500）

（出所）経済産業省ホームページ　「健康経営優良法人認定制度」より，筆者作成.

人認定（ホワイト 500，ブライト 500）」等の認定制度を新設して，国として取り組みを進めている.

　その経済産業省において，健康経営を普及させるために依拠しているデータとして，『ニューズウィーク日本版』のロバート・ケーラム，千葉［2011］によるアメリカジョンソン・エンド・ジョンソングループが行った健康教育プログラムのデータ分析において，健康投資 1 ドルに対して投資リターン 3 ドルと，投資に対するリターンを換算した概要をさまざまな説明資料として用いている. **図 1-1** に示すが，「健康経営に取り組むと 3 倍のリターンの可能性がある」ことを説明し，日本での普及を推進している. そして，実証結果として「生産性の向上」，「医療コストの削減」，「モチベーションの向上」，「イメージアップ」，「リクルート効果」の 5 項目をあげている.

　また，2022 年度の「健康経営優良法人ホワイト 500（大規模法人部門）」で，全上場企業（約 3700 社）の約 28％の 1059 法人と非上場企業の法人が参加した. つまり，健康経営に関して，日本の上場企業の 1 / 4 が取り組むまでの産業界の広がりになってきており，今後も幅広く普及していくと思われる.

　しかしながら，日本での健康経営に関する学術研究及び実証や検証は少なく，アメリカの事例を参考にして比較，検証を進めているのが現状である. そのため，今後の効果検証や実証の分析をすることにより，エビデンスをもって「健康経営」の取り組みを経営学及びイノベーションの視点で検証することが大切であり，学術研究の意義があると思われる.

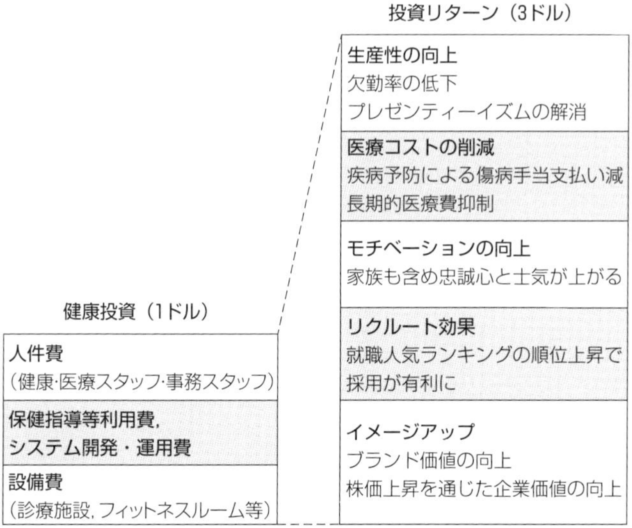

投資リターン（3ドル）

| 生産性の向上 |
| 欠勤率の低下 |
| プレゼンティーイズムの解消 |

医療コストの削減
疾病予防による傷病手当支払い減
長期的医療費抑制

モチベーションの向上
家族も含め忠誠心と士気が上がる

リクルート効果
就職人気ランキングの順位上昇で
採用が有利に

イメージアップ
ブランド価値の向上
株価上昇を通じた企業価値の向上

健康投資（1ドル）

人件費
（健康・医療スタッフ・事務スタッフ）

保健指導等利用費，
システム開発・運用費

設備費
（診療施設，フィットネスルーム等）

図1-1　健康経営の投資リターン

（出所）ケーラム，千葉［2011］を基に筆者作成.

③ 健康経営の既存研究

　健康経営の概念自体が近年制定された為，先行研究事例が少ない新しい領域である．歴史としては，アメリカで1992年に出版された *The Healthy Company* の著者であるロバート・ローゼンが同義の概念を提唱したことが発端とされている［Rosen 1992］．ローゼンは同書の中で「従来分断されてきた経営管理と健康管理を統合的にとらえようとするアプローチ」として紹介しており，これがアメリカで受け入れられ，その後，さまざまな実践や検証などが行われている．また，健康経営で期待される効果についての実証研究も行われている．

　日本において，健康経営に関する書籍では，『「健康経営」推進ガイドブック』［岡田 2015］や，『改訂版　企業・健保担当者必携!!　成果の上がる健康経営の進め方』［森 2019］，『経営戦略としての「健康経営」』［新井・玄場 2019］などがある．また，論文としては，「『健康経営』の投資対効果の分析」［新井・上

西・玄場 2019]，「日本における経営戦略としての健康経営の効果に関する実証分析」[新井 2020] がある．新井の研究では，日本企業における経営戦略としての健康経営の効果及びその投資リターンを，各企業に対するアンケートによる実感値比較やインタビューによる事例調査を用いて外的効果についての検証や，医療費削減やモチベーションなど内的効果について，経済産業省のデータを用いて検証を実施している．

　結果としては，現時点では企業のイメージアップやリクルート効果などの外的な効果を実感していることが明らかになっている．しかしながら，健康経営で期待される効果についての実証研究はまだまだ十分であるといえない状況である．

$\boxed{4}$ CSR，CSV，健康経営の共通点

　昨今の企業活動において，CSR や CSV に関する取り組みがある．CSR とは，Corporate Social Responsibility の略語で企業の「社会的責任」のことである．また，CSV とは Creating Shared Value の略語で「共有価値の創造」のことであり，両方とも近年の企業においては，ISO14001 認証や環境経営などと同様に求められる活動である．また，CSR と CSV は類似の概念ではあるが，競争力を高めるという点を明確に提示しており，CSV は CSR より企業に更に積極的な対応を促していると言える．

　その中で，CSR と経営学，CSV と経営学に関する研究が活発になってきており，CSR と経営学に関する研究では，アリソン・ビアードほか [2012] によると，オランダの化学薬品企業であるロイヤル DSM 社において，社会的責任を果たすことにチャレンジして利益を上げていることが示されている．また，CSV と経営学に関連する研究では，西岡 [2018] の研究によると，CSV により日本企業も競争優位を確立することが十分可能であることを示している．その際，詳細な研究事例を示しており，特に企業の所有と経営が同一であるファミリービジネスや老舗企業において，CSV を積極的に活用して展開している可能性があり，地域活性化が可能になるのではないかと主張している．

　株式会社はそもそも営利を追求するものであるが，近年では社会の一員とし

て地域及び従業員にも貢献することが求められる．そのため，健康経営に関する取り組みは，従業員及び健康保険，年金制度などの福利厚生にも関連するため，CSR や CSV 活動の一環ともいえるものであり，健康経営活動が今後のイノベーション創出に寄与し，収益の向上に結び付く可能性は十分にあると思われる．

5 イノベーションについて

「イノベーション」とは，オーストリアの経済学者であるシュンペーターによって理論化されたことで知られており，『経営発展の理論 (第2版)』[1934] において，「イノベーションとは，新しいものを生産する，あるいは既存のものを新しい方法で生産すること」，「生産とは利用可能な物や力を結合することである．すなわち，イノベーションとは物や力を従来とは異なる形で結合することを指す」として，これを「新結合」と表現している [長内ほか 2021]．そのうえで，新結合のタイプとして5つの種類を示しており，① まだ消費者に知られていない新しい商品や商品の新しい品質の開発，② 未知の新しい生産方法の開発，③ 従来参加していなかった新しい市場の開拓，④ 原料ないし半製品の新しい供給源の獲得，⑤ 新しい組織の実現，が示されている．

しかし，近年ではこれらに加えて，新しいサービスや新しいビジネスモデルの創出なども重要なイノベーションとして考えられている [新井・玄場 2019]．ただし，経営学の視点でのイノベーションとは，新結合であって，企業に利益をもたらすものでなければならないことも注意しなければならない．

健康経営とイノベーションの関連について，健康経営は従業員の健康が目的で，顧客に対しての課題解決などが目的ではないためイノベーションと直接関係ないと思われる方もいると思う．しかし，健康経営が自社の顧客に直接働きかける活動でなくても，従業員のモチベーションをあげることに貢献することや，新しい組織の実現につながること及び広報活動などで，イノベーションを創出し，他社と差別化して競争優位を確立したうえで，最終的に収益向上に結び付く可能性があるという戦略的な考え方もできる．

6　持続可能な社会に向けて，今後の研究について

　健康経営に関しては，日本での定量的な研究としては，新井［2020］の研究において日本企業における経営戦略としての健康経営の効果及びその投資リターンを，各企業に対するアンケートによる実感値比較やインタビューによる事例調査にて外的効果の検証や，医療費削減やモチベーションなど内的効果について，経済産業省のデータを用いた検証を実施している．その結果として，現時点では企業のイメージアップやリクルート効果などの外的な効果を実感していることが明らかになっている．

　また，定性的な研究としては，新井［2022］において2016年度から健康経営企業への訪問プロジェクトは実施しており，毎年論文化されている．これらの研究によって期待される成果と目標としては，企業側にとってはリクルート効果などがあげられる．

　なお，筆者も今年度より健康経営企業への訪問プロジェクトに参画するため，その際に，企業の公開データや公的なデータをもとに収益性の定量分析を実施することや，学生に対して企業のイメージやリクルート効果などのアンケートや，企業に赴きヒアリングするなど定性的な分析も実施できると思われる．

　また，来年度以降のゼミナールにて，京都市内及び京都経済短期大学の近隣企業における「健康経営に関する企業の取り組み事例」などの調査や研究を，進めていきたいと考えている．

おわりに

　今回，持続可能な社会と企業の経営戦略として，健康経営とイノベーションについて述べてきた．健康経営は1990年代より提唱された分野であり，まだまだ取り組んでいる企業や先行研究など少なく，今後の研究及び分析，検証が望まれる分野であると思われる．

　また，イノベーションに関しても，今後，生産年齢人口が減少していく日本において，企業活動でイノベーションを起こすためにも，従業員の健康に関す

る取り組みを基礎としてイノベーション・マネジメントをすすめていくことが望ましいと思われる.

今年度より，筆者が健康経営訪問プロジェクト「健康経営の大学生向け認知度調査」に参画するため，健康経営を導入している企業に訪問させて頂き，成果や問題点など把握していきたい．そして，イノベーションと健康経営の実証研究及び適切な分析を心掛け，持続可能な社会に向けてのイノベーション・マネジメントの研究を進めていきたい.

謝辞

本研究において，多大なるご協力を頂きました山野美容芸術短期大学の新井卓二教授に心より感謝申し上げます.

注

1）「健康経営」は，特定非営利活動法人健康経営研究会の登録商標である.

参考文献

〈邦文献〉

新井卓二［2020］「日本における経営戦略としての健康経営の効果に関する実証分析」大阪大学大学院工学研究科博士学位論文.

─────［2022］「大学生の健康経営企業訪問プロジェクトの概要と研究報告 2016 年～2019 年の研究 Review」『山野研究紀要』28・29.

新井卓二・上西啓介・玄場公規［2019］「「健康経営」の投資対効果の分析」『応用薬理』96（5/6）.

新井卓二・玄場公規［2019］『経営戦略としての「健康経営」』合同出版.

岡田邦夫［2015］『「健康経営」推進ガイドブック』経団連出版.

長内厚・水野由香里・中本龍市・鈴木信貴［2021］『イノベーション・マネジメント』中央経済社.

経済産業省ホームページ「企業による「健康投資」に関する情報開示について 平成 26 年10 月 29 日」．(https://www.meti.go.jp/committee/kenkyukai/shoujo/kenko_toushi_joho/pdf/001_04_00.pdf, 2022 年 5 月 4 日閲覧).

─────「健康経営について」(https://www.meti.go.jp/policy/mono_info_service/healthcare/kenko_keiei.html, 2022 年 5 月 4 日閲覧).

─────「健康経営優良法人の申請について（2022 年）」(https://www.meti.go.jp/policy/mono_info_service/healthcare/kenkoukeiei_yuryouhou, 2022 年 5 月 5 日閲覧).

ケーラム，ロバート・千葉香代子［2011］「儲かる「健康経営」最前線」『ニューズウィーク日本版』3 月 2 日号，阪急コミュニケーションズ.

健康経営研究会ホームページ「健康経営について」（https://kenkokeiei.jp/whats，2022 年 5 月 4 日閲覧）.

玄場公規・新井卓二・小野恭義［2020］『ヘルスケア・イノベーション』同文館.

西岡慶子［2018］「老舗企業と地域社会の共通価値の創造――CSV によるイノベーション創出に関する研究――」大阪大学大学院工学研究科博士学位論文.

ビアード，アリソン／ホーニック，リチャード［2012］「5 社の CSR に学ぶ　ステークホルダー経営の優秀事例〔It's Hard to Be Good〕」（特集「チェンジ・ザ・ワールド」の経営論）『Diamond ハーバード・ビジネス・レビュー』2012 年 3 月，ダイヤモンド社.

森晃爾［2019］『改訂版　企業・健保担当者必携 !!　成果の上がる健康経営の進め方』労働調査会.

〈欧文献〉

Rosen, R. H.［1992］*The Healthy Company*, New York, NY: Tarcher.（宗像恒次監訳，産能大学メンタル・マネジメント研究会訳『ヘルシー・カンパニー――人的資源の活用とストレス管理――』産能大学出版部，1994 年）.

Schumpeter, J. A.［1934］*The Theory of Economic Development*, Cambridge, MA; Harvard University Press（八木紀一郎・荒井詳二訳『シュンペーター　経済発展の理論（初版）』日本経済新聞出版，2020 年）.

（今橋　裕）

第2章　ミュージアムは持続可能か
——保存という機能の困難——

1　持続可能な社会とミュージアム

ICOM とサステイナビリティ

2019 年 9 月，京都で ICOM（国際博物館会議）の大会が開かれた．120 の国と地域から 4590 人の参加があり，初日に開かれた 4 つあるプレナリーセッションの 1 つは，Curating Sustainable Futures Through Museums（博物館による持続可能な未来の共創）というテーマで行われた．「共創」と日本語と訳された箇所は，オリジナルのタイトルでは Curating であるところがミュージアムらしい．というのも，Curating キュレーティングとは，元来ミュージアムのキュレーター（学芸員）が展覧会を企画することや収蔵品の収集や管理することを意味する英語で，持続可能な未来を描いていくこと，実践してみせることをミュージアムならではの言い回しで表している．

このセッションは ICOM が設置したサステイナビリティ・ワーキンググループ（WGS）の主導したものである．これはもちろん，2015 年の国連サミットで採択された「持続可能な開発のための 2030 アジェンダ」を受けた ICOM の動きである．セッションの最初のスピーカーは日本科学未来館館長であった毛利衛で，世界科学館サミットで採択された「東京プロトコル」を踏まえ，宇宙から見た視点で SDGs を捉え「TSUNAGARI」という言葉をキーワードにしながら地球規模のネットワークの意識化を訴えた．次に登壇したのはアメリカからの参加者，サラ・サットンである．パリ協定の枠組みから脱退したばかりのアメリカからの参加であった彼女は，We are still in の活動を始め，ミュージアムにおける SDGs への取り組みの必要性と具体的なアメリカの博物

写真2-1　*HABITUS*, Robyn Woolston, Edge Hill University Arts Centre Commission, Ormskirk, UK (2013)

館，美術館でのSDGsの取り組みを紹介した．印象的であったのは，彼女の発表の冒頭に画面に大きく示され続けた一枚の写真である（**写真2-1**）．それは大きな木の前に立っているカラフルな文字の看板の写真だった．彼女からは特に何の説明もないまま画面に表示されて続けていた写真は，イギリスのアーティストであるロビン・ウールストンの作品《ハビトゥス》である．看板には「ようこそ，素晴らしい人新世へ」と書かれていた．

人新世とサステイナビリティ

　オゾン層破壊の研究でノーベル化学賞を受賞したパウル・クルッツェンは，とある国際会議の席で，私たちが生きているこの世界が新たな地質学的な年代に入っていると口にしたことが大きな反響を呼んだ．人類の活動が地球に与える影響があまりに大きく，地質学的に見ても現代の時代を地質学上年代分類である「完新世」と呼ぶのではなく，それを「人新世」であると言ったのである[Crutzen and Stoermer 2000]．その妥当性についてはまだ議論が続いているのだが，その理解しやすいアイデアは，すでに広く人口に膾炙していると言ってよいだろう．現在年間3億トンものプラスチックが製造され，コンクリートはこれまで5000億トンもの量が作られた．プラスチック，コンクリートなどの大量生産と大量消費に時代に入り，人類の活動によって生み出されたこうした物

質が，土に戻ることなく長い間残り続けると考えられている．この「人新世」という新たな地質学的な時代の始まりをどこに置くべきか，これも議論があるが，多くは 1950 年とする考えが主流になっている．

　人口の爆発的な増加，化石エネルギーの大量消費，国際的な社会経済活動の増大，20 世紀の半ばの人類活動の加速，いわゆるグレート・アクセラレーションがその重要な境界線であると考えられ，人類のこうした活動には素直に驚きを隠せない．こうしたクルッツェンらの提唱に共鳴する科学者が増えていくことで，国連における環境問題を争点とする議論に影響を与え今日に至っている［飯田・北野・依田 2017］．現代のミュージアムにおいても「持続可能な社会」の実現に向けての貢献が求められ，もちろん，こうした問題意識はとても大事なことである．冒頭に述べたように，ICOM 京都大会のプレナリーセッション，ワーキンググループの設置，国内においてもミュージアムにおける取り組みや，研究，手法の開発が行われており，その事例やノウハウが積み重なっている［小川・早乙女 2021］．

　しかし，一方でこうした事実が地層に恒久的な痕跡として残るかどうかは，こうした議論の妥当性は改めて検討される必要があると指摘されている［中村 2017；奥野 2017］．さらに斎藤幸平はこうした気候変動や環境配慮といった問題に対応するべく国連が策定してきた 2030 アジェンダ，持続可能な開発目標 SDGs について，手厳しく批判をくだしている［斎藤 2020］．つまり，ひとつひとつの取り組みは環境に配慮されたものであるかもしれないが，SDGs の目標をいくつかなぞっただけで満足してしまい，気候変動などの問題が解決できると思い込む免罪符として機能してしまうことが問題であると言う．

　私はどちらかといえば，人新世や SDGs に対して人文学からのパースペクティブに共感を覚えるが，私の所属する日本記号学会の 2022 年度の大会が「記号論の行方——モビリティ・人新世・ケア——」というテーマで開催された．大会のセッションの 1 つが「人新世の風景」と設定され，視覚文化やアートをめぐる議論との接続が試みられるほか，記号論的な見地から「人新世」というものを言語的・記号的現象として捉えなおす発表が予定されている．

　吉岡洋の発表予稿集では「人新世」という表象の働きを批判的に検討するため，「限界」という概念が着目されている．1972 年のローマクラブ第 1 回報告

の「成長の限界」，気候変動枠組条約締結会議（COP15）におけるロックストロームらの提唱した「惑星的限界」．そうした環境問題における「限界」という比喩を問題にしているのだ．そしてその「限界」の根拠を地球の自然に求めるのか，あるいは，人間自身の認識能力の限界にあるのか，スピノザの哲学を通し考察し，環境主義的な言説の中に潜むのは個人や歴史を宇宙的な時間の中に意味づける一種の終末論的言説があるのではないかと指摘している［吉岡2022］．

ミュージアムと永続性

　ただ，私の関心は少し異なるところに向いている．それはミュージアムが社会の持続可能性にいかに貢献できるのかという問題の設定ではなく，そもそもミュージアムとはいつまでも永続的に持続可能なものなのか，そこに収蔵される作品は永続的に残せるものなのかという問題についてである．つまり，ミュージアムという考えを通して，持続可能性というものそれ自体を考えてみたいのである．ミュージアムや美術館の公共性と永続性への信頼，もう1つは作品修復や保存における永続性という信念についてである．

　全国美術館会議は，2017年に「美術館の原則と美術館関係者の行動指針」を定めている．そこでは，美術館の公益性，公共性，活動の自由などとともに，作品の安全と保存，美術館の永続性について言及されている［全国美術館会議2017］．美術館は公共性の高い機関であり，限られた人のための施設ではなく，誰もが美術作品に触れることが可能で，文化的な機会や情報を享受できることが期待されているのだ．と同時に，その公共性の高さから美術館が継続的にその役割を果たせることも期待されている．さらに，美術館に収蔵される作品のコレクションは確実に次世代へと引き継いでいくことが使命として書かれている．こうした近代的なミュージアムや美術館のミッション，あるべき姿は誰もが共感できるものであろう．しかし，このミュージアムや美術館の永続性とは果たして本当に実現できるものなのだろうか．

2　永続性と被災するミュージアム

永続的な機関と収蔵庫

　2022 年 8 月にプラハで開かれた ICOM（国際博物館会議）の総会において，ミュージアムの新たな定義が採択された［ICOM 2022］．この新たな定義では，ミュージアムは「社会に奉仕する非営利の常設機関」であるとされている．この常設機関は英語では permanent institution であり，永続的な機関，恒久的な機関という意味を持っている．実は 2019 年の ICOM 京都大会において採択が見送られたミュージアムの定義案では，この permanent institution という言葉が削除されていたのだが，新しい定義では元の通りに維持されることになった．ミュージアムとは，まず持って永続的なもの，恒久的なものであるべきという姿勢が表れている．

　ICOM によるミュージアムの定義の変遷を ICOM 憲章，ICOM 規約によって辿ってみると，1951 年以来 permanent establishment という語が使われ，1961 年に permanent institution とされた［Mairesse 2020］．作品の「保存」という美術館，博物館の重要な役割で基本的な機能については，1961 年の改訂で「展示」とともに「保存」が表記されることになる．そしてその機能の中心的な役割を果たすのが収蔵庫である．収蔵庫は美術館でも特別な空間で，温度と湿度が年間を通して一定に保たれている．温度 23 度前後，湿度 55％前後で調整され，人の出入りは最小限にされている．たいてい土足は厳禁とされ，木の床，壁も木または調湿性能のある材が使われている．空気環境もアンモニアやギ酸，ホルムアルデヒドなどの有害なガスで汚染されないよう配慮されている．収蔵品は棚や絵画ラックで安定して保管されており，収納箱に使われる部材は中性紙などで作品に対する配慮がなされている．

　美術館に学芸員として勤めていた当時，私はこの収蔵庫に入ることが好きであった．音もなく静かな空間に，快適な空気．世界のノイズを全て排除したような空間は，確かにこの空間にある貴重な作品や資料を永遠に保存し続けるという役割を担った空間である．そして，収蔵庫は学芸員がその責任を受け持つ存在であることを意識する場所でもある．美術館の収蔵庫の経験，あるいは，

この美術館の収蔵庫とは持つ役割，責務というものは，つまり，作品を永遠に保存し続けるということである．あらゆるリスクから作品を遠ざける態度，それが保存というミッションである．それは温度湿度の管理だけに留まることなく，虫やカビによる生物被害の予防的対策，警備上の防犯対策，さらには火事や噴火，地震などの災害リスクも管理することが美術館には求められている．

震災と日本の美術

阪神・淡路大震災，東日本大震災では当然ながら多くのミュージアムが被災した．ミュージアムや美術館にとって盗難や火災といった人災は，天災に比べて原因や規模を想定することがきるが，天災となると美術館がとれる対策は限られてくる．万全なものは存在しない．

愛知県美術館の保存担当学芸員であった長屋は，美術館における地震対策について，興味深い報告をしている．それはこの２つの大震災の被害調査の結果，日本の文化の中で発達した伝統的な美術の形式がそもそも地震に強い形式であったということだ．つまり，掛軸は適度な間隔で展示されていれば素直に揺れに従い損傷を免れていた．屏風は揺れが続く中で自然に閉じられていき，閉じ切ってから倒れているものがあったというのである［長屋 2019］．逆に地震対策装置である免震台といったテクノロジーへの過信や揺れ止め，屏風止めの使用が被害を大きくしてしまうことさえあったのである．

また異なる視点から，美術評論家の椹木野衣は阪神淡路大震災を１つのきっかけとして『日本・現代・美術』［椹木 1998］を書き，さらに東日本大震災の広範かつ大規模な破壊を目の当たりにしたことでより震災をテーマの中心に置いた『震美術論』を著し，そこで興味深い指摘をしている．それは日本と西欧の美術の成り立ちの差異は，巨大な地震の有無が大きな要因ではないかというのだ［椹木 2017］．西ヨーロッパでは日本のような巨大地震がほとんど起きていないため，過去と現在がしっかりと保存され，それが進歩や発展とつながっていく直線的な時間の経過，近代的なものの見方，進歩史観をもっているが，日本においてそうしたことがそもそも可能なのかという問いを椹木は提出したのである．永続的な機関としてのミュージアムという思想は，確かにヨーロッパ的な進歩史観に基づいた考え方であり，日本においては地震という災害の多

い地域の特性にも留意する必要があるのではないだろうか．

浸水したミュージアム

　作品は永遠的なものであるのか，それとも一時的なものであるのだろうか．ミュージアムは本当に永続的な機関たりえるのだろうか．日本の国公立美術館では，原則的に収集した作品を手放すことはない．作品は永続的に保管され，次世代のために引き継がれていく．つまり，一度美術館に入った作品は市場に売却されることもなく，永久的に保存されるわけである．パーマネント・コレクション（永久収蔵品）という言葉があるが，日本の公立美術館の収蔵作品は積極的にそのような呼び方をしないが，実質的にパーマネント・コレクションである．そのため温度・湿度の管理などを含めた安定した環境の収蔵庫に保管されるわけである．しかし，永遠と思われた美術館の収蔵作品に悪夢のような出来事が起こった．2019年10月12日に関東地方を横断した台風19号によってもたらされた水害である．

　台風19号によって神奈川県においては，記録的な大雨による初めての特別警報が発表された．この台風の影響で，土砂災害や浸水による人的被害と建物への被害，鉄道の運休，停電が発生し，ライフラインへの影響も出た．気象庁や自治体が連携した防災活動が行われたが，死者，行方不明者が出た上に建物への被害も甚大なものがあった．そして，美術館や博物館にも重大な被害が出ていた．その1つが，中原区の等々力緑地に立地する川崎市市民ミュージアムである．地下にあった9つの収蔵庫が浸水し，収蔵品が水に浸かって甚大な被害が出た．

　1998年9月28日には，高知県立美術館が台風による大雨で高知市内が水没した際に美術館も浸水した．収蔵庫は3Fに位置していたため難をまぬがれたが，展示中の作品と1Fに位置していた一時保管庫にあった作品が浸水している．川崎市市民ミュージアムを襲った浸水は特にひどい被害をもたらした．約26万点とされる収蔵品のうち約23万点が被災した．応急処置がされているものは4万8000点，修復を施しているものはわずか約4200点であるという（2021年4月時点）［白井 2021］．

3 理想の美術館と野蛮の記録

理想の美術館

　川崎市市民ミュージアムが被災する 10 年前，2009 年に発行した機関誌「MUSEUM NEWS 2009 美術館号」が手元にある．この号の特集は「2109 100 年後の人類へ」であった．巻頭に付された言葉を少し引用しよう．

> 「当館は 20 年間に渡って資料や作品を収集・保存してきたわけですが，これはともかくも，後世に生きる人間たち――自分の子供でも孫でもない「人類」という，大きなくくりの中でわれわれと繋がっている未来に生きる人びと――に対して，文化的な痕跡を残そうする営為だと私たちは考えています」［川崎市市民ミュージアム 2009］．

　なるほど，ミュージアムや美術館というものは作品を未来永劫，次の世代の人々に向けて伝えていく使命がある，そういう主張である．その永遠性，永続性の要が美術館，博物館の収蔵庫であったわけである．しかし，すでに述べたように，わずか 10 年後に被災，その収蔵庫の多くを失ってしまうこととなった．

　実は 2009 年当時，私は川崎市市民ミュージアムに勤務しており，この機関紙に小文を寄せている．当時の編集担当からは「理想の美術館」について書いてほしいと依頼されたと記憶しているが，私が書いた文章のタイトルは「不安の美術館」である．中井正一の「絵画の不安」というエッセイを皮切りに美術館に対する暗い引用を繰り返した．古典となったダグラス・クリンプの「美術館の廃墟に」［Crimp 1983］，その論文の冒頭に引用されるテオドール・アドルノによる有名な一節は次のようなものだ．「美術館（ムゼーウム）と墳墓（マウゾレーウム）とが似ているのは，単なる音声上の類似ではないのだ．美術館とは，累代の芸術作品たちの墓場なのである」［Adorno 1955］．こうした美術館の本性を引き受けて，初めて，理想の美術館に向かえるのではないかというつもりで書いたものだった．

SDGs と野蛮の記録

　すでに述べたように 2022 年 8 月に ICOM（国際博物館会議）の新しい「ミュー

ジアムの定義」が採択された．それは 2015 年のユネスコによる勧告（「ミュージアムとコレクションの保存活用，その多様性と社会における役割に関する勧告」）をふまえ，持続可能な社会に向けたミュージアムのあるべき姿が込められている．少し長いが全文を引用しておこう．

> 「博物館は，社会に奉仕する非営利の常設機関であり，有形及び無形の遺産を研究，収集，保存，解釈し展示する．一般に公開された，誰もが利用できる包摂的な博物館は，多様性と持続可能性を促進する．倫理的かつ専門性をもって，コミュニティの参加とともにミュージアムは機能し，コミュニケーションを図り，教育，楽しみ，考察と知識の共有のための様々な体験を提供する」[ICOM 2022]（日本語訳［仮訳］は ICOM 日本委員会）．

　一方で，ヴァルター・ベンヤミンが美術館にある作品（文化財）について次のようなことを書いている．「この文化財と呼ばれるものが文化の記録であることには，それが同時に野蛮の記録でもあるということが，分かちがたく付きまとっている」．そして，こうも続けている．「それ自体が野蛮から自由ではないように，それがある者の手から他の者の手へ渡っていった伝承の過程もまた，野蛮から自由ではない」[Benjamin 1940]．

　美術館というものがある使命を持って，どこか教育的な配慮のもとに，そして楽しみのために供しているとする者にとっては少し耳の痛い主張であるが，だからこそ，こうした非対称な関係を前提とした美術の歴史や現代のグローバリゼーションの時代において，反省的で批判的な思考が必要なのである．2019 年の ICOM 京都大会で示された採択されなかったミュージアムの定義案は，ベンヤミンの言葉と同様に示唆にとんでいる．その京都の定義案では「博物館は，過去と未来についての批判的な対話のための，民主化を促し，包摂的で，様々な声に耳を傾ける空間である」とされた．日本語訳で「様々な声に耳を傾ける空間」とされた箇所は英語では polyphonic spaces である [Mairesse 2020]．それはちょうど，ベンヤミンが文化財について「文化的な記録であると同時に野蛮の記録である」と言ったように，ミュージアムとはそのような複数の声が反響する空間でもある．そのような起草者の声が聞こえてくるようだ．ミュージアムはいつも正しい役割，正しい1つの意見，それだけが存在するのではな

く，時には野蛮な声の記録さえもが残り反響し，討論される批判的な空間として機能することが必要なのだ．

お わ り に

「美術館の原則」や新しい「ミュージアムの定義」の理念が目指す世界は，私たちが生きるこの社会に埋め込まれた「近代」というシステムとともにある．それは合理的で一貫性のある行動による永続的な社会の進歩を可能とするようなものだ．理念としての美術館，ミュージアムの理想といったものと，わずかな時間のうちに破壊されてしまう美術館の「永続性」を見てきた．ミュージアムは持続可能かという平凡な問いから始めた本章だが，ミュージアムの不可能性とともに生きること，受け入れること，それは私たちにどのような意味を与えてくれるだろうか．

参考文献

〈邦文献〉

飯田麻結・北野圭介・依田富子［2017］「誰が人新世を語ることができるのか」『現代思想』12 月号.

小川義和・五月女賢司［2021］『発信する博物館 持続可能な社会に向けて』ジダイ社.

奥野克己［2017］「明るい人新世，暗い人新世　マルチスピーシーズ民族誌から眺める」『現代思想』12 月号.

川崎市市民ミュージアム［2009］『MUSEUM NEWS 2009 美術館号』.

斎藤幸平［2020］『人新世の「資本論」』集英社.

椹木野衣［1998］『日本・現代・美術』新潮社.

―――［2017］『震美術論』美術出版社.

白井豊一［2021］「令和元年東日本台風による川崎市市民ミュージアムの被災と新しい「あり方」の検討」『カレントアウェアネス』348, pp. 9-12.

全国美術館会議［2017］「美術館の原則と美術館関係者の行動指針」.

中村桂子［2017］「「人新世」を見届ける人はいるのか」『現代思想』12 月号.

長屋菜津子［2019］「博物館資料保存論」『現代博物館学入門』ミネルヴァ書房.

吉岡洋［2022］「人新世の記号論」日本記号学会第 42 回大会研究発表要旨.

〈欧文献〉

Adorno, T. W.［1955］"Valéry Proust Museum"（「ヴァレリー　プルースト　美術館」，渡辺祐邦・三原弟平訳『プリズメン──文化批判と社会──』筑摩書房，1996年）.

Benjamin, W.［1940］"Über den Begriff der Geschichte"（「歴史の概念について」，浅井健二郎・久保哲司訳『ベンヤミンコレクション1　近代の意味』筑摩書房，1995年）.

Crimp, D.［1983］"On The Museum's Ruins"（「美術館の廃墟に」，室井尚・吉岡洋訳『反美学──ポストモダニズムの諸相──』勁草書房，1987年）.

Crutzen, P. J. and Stoermer, E. F.［2000］"The 'Anthropocene'", in: *Global Change Newsletter*, 41, pp. 17-18.

ICOM［2022］"Museum Definition," ICOM 2022 Prague.

Mairesse, F.［2020］"MUSEUM DIVERSITY THROUGH THE LENS OF THE KYOTO DEFINITION" in: *Muzealnictwo*, 61, pp. 75-79.

（植 田 憲 司）

第3章 向社会的行動
——良好な人間関係構築のために——

はじめに

　コロナ禍で社会的距離を保つことが求められることにより，私たちは人間関係についてより深く考える機会を得られたのではないだろうか．本当に大切にしたい関係性の人とは，やはり対面で顔を付き合わせたいと感じる一方で，ご縁が元々薄かった人とは，ますます疎遠になってしまったかもしれない．大切にしたい人間関係を持続していくためには，まず自分の身近な人との関係性を再考していくことが必要である．持続可能な開発目標（SDGs：Sustainable Development Goals）で掲げられている目標の多くは個人で取り組むにはあまりにも壮大で，立ちすくんでしまうであろう．しかし，たとえば目標17.「パートナーシップで目標を達成しよう」を参照すれば，SDGs達成の基盤には良好な人間関係が必要であると気づく．この章では，良好な人間関係を保つヒントとして相手のためを思いやって行う行動について心理学の観点から話をしたいと思う．後で詳しく説明するが，この行動を向社会的行動と呼ぶ．

1　無意識に決定づけられる行動

　向社会的行動の話をする前に，まずは私たちの行動について心理学の研究が明らかにしてきたことを簡単に説明したいと思う．一般的に私たちの行動はどのように決定づけられているのであろうか．私たちは朝起きてから夜寝るまで，あるいは寝ている最中にも，五感を駆使してあらゆる感覚を受け取っている．実は，私たちの行動はそうした周りの環境や刺激によって無意識的に大きく影

響を受けていることが分かっている．私たちは日々自分できちんと考えて判断を下したり，行動を決定したりしていると思っているが，実際には，自分で気づかないうちに，案外簡単に外部のさまざまな刺激に影響を受けてしまう．たとえば，ある研究グループは以下のような実験結果を報告している［Bargh, Chen & Burrows 1996］．

> 大学生を実験の参加者として募集し単語の並べ替えを行ってもらった．実験内容としては5枚の単語カードから4枚を選び，並び替えて短文を完成させるというものである．参加者は2つのグループに分けられ，1つめのグループでは高齢者に関連する言葉（白髪，杖，忘れっぽいなど）で文章を作成し，もう1つのグループではそれ以外の言葉で文章を作成した．その後，参加者は別の部屋への移動を促されるのであるが，その部屋までのおよそ10mの歩行速度が密かに測定されていたのである．その結果，高齢者に関する語で文章を作成した参加者は，そうでない言葉で作成した参加者よりも歩行速度が遅くなっていたことが明らかになった（以上，筆者による要約）．

このように，事前に受けた情報が，その後の行動に無意識的な影響を及ぼすことをプライミング効果と呼ぶ．プライミング効果の特徴としては，プライミングを受けた本人に自分がなぜそのような行動を取ったのかの自覚が無いということが挙げられる．先の実験後の調査でも，列挙された単語の「高齢」という共通性に気づいた学生はいなかったということである．

コロナ禍においても，外出自粛やマスク着用の要請といった私たちの新たな行動様式が求められるようになった．こうした行動変容を促すにあたって，心理学の知見は大変有用である．プライミング効果もその1つといえる．

2 向社会的行動の重要性

上述したように，良好な人間関係が豊かな社会生活への基盤となり，これからの社会変動に対応する力を生み出すことにつながる．それでは良好な人間関係を築き，それを保つためにはどのようにすればよいのであろうか．ポイントは向社会的行動にあると考えられる．向社会的行動とは最初の部分で，相手の

ためを思いやって行う行動と述べたが，学術的に正確に定義すると「他者の利益を意図した自発的な行動」となる［Batson 1998］．募金や寄付などはその最たる例であるし，他者の荷物運びを手伝うなども向社会的行動にあたる．向社会的行動が生起する要因としては，共感性や外向性の高さといった個人のパーソナリティが関与することは言うまでもないが，やはりここでも周りの環境が私たちに働きかけてくるのである．

　そもそも向社会的行動研究は，1964 年に起きたキティ・ジェノヴィーズ事件を契機に多くの関心が寄せられたことに端を発する．事件の概略を述べると，キティ・ジェノヴィーズという若い女性が，夜中に自宅アパートへ帰宅途中に暴漢に襲われ，近所に住む 38 人もの人々が助けを求める声を聞き，事件を目撃していたにも関わらず，誰一人助けることも警察に通報することもしなかったため，結局彼女は殺害されてしまったという痛ましい事件である．この後の研究で明らかになったことは，傍観者や観察者がいることで責任の分散が生じ，向社会的行動が生起しにくくなるということであった．要するに，向社会的行動が生起しなかったのは，冷たい人ばかりがいたからではなく，周りの環境が向社会的行動を抑制するように働きかけたからであり，環境が個人の行動に与える影響の大きさを示したことになったわけである（キティ・ジェノヴィーズ事件については A. M. Rosenthal『38 人の沈黙する目撃者——キティ・ジェノヴィーズ事件の真相——』（田畑暁生訳），青土社，2011 年，という書籍に詳しいので参照せよ）．

　こうした向社会的行動は良好な人間関係と不可分であることは言うまでもない．向社会的行動を取れば，その行動の受け手と良好な関係を築ける可能性が上がるだけでなく，その行動を観察していた周りの人からも好印象を持たれるかもしれない．人間は集団の中で暮らす社会的存在であり，そうである以上，向社会的行動を行えば，自分の自己評価が向上し，なおかつこれに社会的評価が与えられれば，より一層の自己評価の向上が想定される．その意味からも他者に助けられ，感謝することと，逆に社会あるいは他者に貢献し評価されることは感謝の連鎖をもたらし，幸福感や良好な人間関係につながることになると考えられるのである［早坂 2022］．

3 プライミング効果を用いた向社会的行動に関する心理学実験

　ここまでで向社会的行動が良いものであるということは理解してもらえたと思う．しかし，頭でそのように分かってはいても個人の意志による行動コントロールには限界がある．そこで，プライミング効果を用いて個人の意志が関与しない非意図的（反応的）なルートによって向社会的行動を導くことはできないのであろうか．この節では，このような疑問に取り組み，実際に向社会的行動を促した心理学実験を 1 つ紹介することから始める [Guéguen, Jacob & Charles-Sire 2011]．

　　実験は 12 店舗のパン屋さんで行われた．募金用の箱をハート型，丸型，四角型の 3 種類作成し，それぞれの店がいずれかの型の募金箱をレジの近くに設置し募金活動を行った．その結果，丸型，四角型の募金箱に比べ，ハート型の募金箱でより多くのお金を集めることができた（以上，筆者による要約）．

　この実験では募金箱の型がプライミング効果の刺激となり，ハート型の募金箱に対して無意識のうちにより多くのお金を募金しようという向社会的行動を取るようになったことが示されたと言える．このようにプライミング効果をもたらす刺激は私たちの身の回りに遍在している．上述した実験以外にも，温かいものに触れると冷たいものに触れた時に比べて，向社会的行動が促されるという研究もある [Williams & Bargh 2008]．

　さて，それでは逆にどういった状況で私たちは向社会的行動を取りにくくなるのであろうか．もちろんさまざまな原因が想定されるが，その原因の 1 つには空腹感がある．私たちは空腹な時には，他者の欲求に気づきにくくなったり [Harel & Kogut 2015]，食べ物の摂取を節制することで向社会的行動を取りにくくなる [Haruvy, Ioannou & Golshirazi 2015]．生理学的な知見からも同様のことが示されている．空腹である時には血糖値が少なくなっているわけであるが，その際にグルコースと呼ばれるブドウ糖を摂取したり [Gailliot & Baumeister 2007]，血中のグルコース濃度が高い場合には [Aarøe & Petersen 2013]，向社会的行動が

増加することが明らかとなっている．また，空腹な人は寄付をしにくくなったり [Briers, Pandelaere, Dewitte & Warlop 2006]，裁判官は空腹な時により厳格な判決を下す [Danziger, Jonathan & Liora 2011] ことも明らかにされている．

　こういったプライミング効果はどのようなメカニズムで生じるのであろうか．1 つの考え方に，活性化拡散理論 [Collins & Loftus 1975] がある．具体的に説明してみよう．たとえば，「トマト」，「ポスト」，「消防車」の共通点は何であろうか．答えは「赤い」ということである．このように連想ゲームのようにイメージがつ

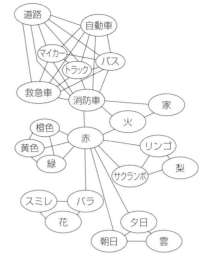

図 3-1　Collins & Loftus [1975] の活性化拡散モデル

ながっていく．さらに「トマト」から野菜をイメージしたり，「ポスト」から「葉書」をイメージしたりと次々に連想が広がるかもしれない．その結果，連想が蜘蛛の糸のように複雑に広がり，色々な繋がりができていくことを活性化の拡散と呼ぶ．**図 3-1** に活性化拡散モデルの例を示した．それぞれの概念間で関係のある物同士が線で結ばれていて，その距離が近いほど関係性も近いことを示している．そしてその関連性に沿ってある概念の活性化が別の概念の活性化へと波及することで情報処理が進むことが想定されている．

　先のパン屋さんでの実験を例にとれば，人間の記憶においてハート型は「愛」や「連帯」，「寛大さ」といった概念などと結びついているので，ハート型の募金箱を目にした際に，「愛」などといった概念に活性化の拡散が生じ，結果，向社会的行動を生起させたと考えられる．

　ちなみに空腹感が向社会的行動を減少させるメカニズムは，マズローの欲求階層説とも整合性がある．マズローの欲求階層説とは，心理学者マズローが人間の基本的な欲求として 5 つの欲求があることを論じたものである．この概要図を**図 3-2** に示す．

　Robbins [1996] はこの 5 つの欲求は高次のものと低次のものに分けられると

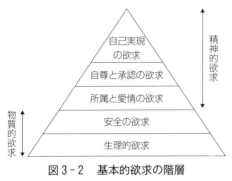

図3-2　基本的欲求の階層

(出所) https://psychoterm.jp/basic/development/
need-hierarchy（2022年9月22日閲覧).

いうことを主張している．高次なもの（精神的欲求）は自己実現や承認欲求といった内的に充足させることができるものである一方で，低次なもの（物質的欲求）は，身体的，生理的欲求で，お金や食事といった外的なもので充足させることができるものであることを論じている．そして低次の欲求は生存に不可欠なものであるため，優先的に充足させる必要があり，低次の欲求が満たされて初めて高次の欲求を求めるようになるとのことである．したがって，空腹感という低次の欲求が満たされない状態では，向社会的行動は抑制されてしまうと考えられるわけである．

　以上の点から，ある場面で自分が向社会的な行動ができるか否かは，単に気の持ちようの問題だけではなく，身の回りの環境や自分の身体状態によっても左右されるということがお分かりいただけると思う．こういった理解を持つことが，向社会的な自分になるための第一歩なのではないだろうか．

おわりに

　この章では，SDGs達成の基盤となる良好な人間関係について，向社会的行動に焦点を当てて心理学の先行研究を紹介してきた．私たちは向社会的行動が社会的に望ましいことは自覚しているが，その行動の表出が周りの環境に大きく影響を受けていることには意外なほど無自覚である．時には自分の身体感覚を取り巻くさまざまな外部刺激に意識を向けて，自分の行動を振り返ってみてはいかがであろうか．

参考文献

〈邦文献〉

早坂三郎［2022］「変革社会におけるコミュニケーションと人間関係について」『甲子園短期大学紀要』40, pp. 41-50.

〈欧文献〉

Aarøe, L. and Petersen, M. [2013] "Hunger games. Fluctuations in blood glucose levels influence support for social welfare," *Psychological Science*, 24, pp. 2550-2556.

Bargh, J. A., Chen, M. and Burrows, L. [1996] "Automaticity of social behavior: Direct effects of trait construct and stereotype activation on action," *Journal of Personality and Social Psychology*, 71, pp. 230-244.

Batson, C. D. [1998] "Altruism and prosocial behavior," In D. T. Gilbert, S. T. Fiske, and G. Lindzey (Eds.), *The handbook of social psychology* (4th ed., Vol. 2, pp. 282-315). New York: McGraw-Hill.

Briers, B., Pandelaere, M., Dewitte, S. and Warlop, L. [2006] "Hungry for money: The desire for caloric resources increases the desire for financial resources and vice versa," *Psychological Science*, 17, pp. 939-943.

Collins, A. M. and Loftus, E. [1975] "A spreading-activation theory of semantic processing," *Psychological Review*, 82, pp. 407-428.

Danziger, S., Levav, J. and Avnaim-Pesso, L. [2011] "Extraneous factors in judicial decisions," *Proceedings of the National Academy of Sciences*, 108, pp. 6889-6892.

Gailliot, M.T. and Baumeister, R. F. [2007] "The physiology of willpower: Linking blood glucose to self-control," *Personality and Social Psychology Review: An Official Journal of the Society for Personality and Social Psychology, Inc*, 11, pp. 303-327.

Guéguen, N., Jacob, C. and Charles-Sire, V. [2011] "Helping with all your heart: The effect of cardioid cues on compliance with a humanitarian aid request," *Social Marketing Quarterly*, 17, pp. 2-11.

Harel, I. and Kogut, T. [2015] "Visceral needs and donation decisions: Do people identify with suffering or with relief?" *Journal of Experimental Social Psychology*, 56, pp. 24-29.

Haruvy, E. E., Ioannou, C. A. and Golshirazi, F. [2015] "Alimentary abstention and prosocial behavior," *Discussion Papers in Economics and Econometrics*, 1507, 1-17.

Robbins, S. P. [1996] *Organizational Behavior- Concept, Controversies, Applications* (7th ed). Prentice Hall.

Williams, L. E. and Bargh, J. A. [2008] "Experiencing physical warmth influences interpersonal warmth," *Science*, 322, pp. 606-607.

（岡 村 靖 人）

第4章 持続可能な英語学習力をつけるための試み
——スマホアプリの活用による自立型の学習支援を目指して——

は じ め に

　インターネットの普及と ICT や AI 技術の発展で，英語の学習環境は昔と比べ大きな進歩を遂げている．高いお金を出して留学したり英会話学校に通ったりしなくても，スマートフォン（以下スマホ）1つあれば，発音練習，字幕付きの動画視聴はもちろん，オーセンティックな英語でのやり取りまで手軽にできる時代になっている．

　また，グローバル化の進展に伴い，英語をコミュニケーションの手段として活用する人の数は着実に増えている．今や世界の人口の約7割の人がインターネットを利用し，上位 1000 万のインターネットサイトの6割で英語が使用されている．同時に，学術研究，グローバルビジネス，医療，IT 関連はもちろん，スポーツ界に至るまで「知」の集積は英語を中心に行われている現実がある．

　このような中で，今後，日本でもさらに英語学習熱が高まることが予想され，巷には英語学習の方法論や教材があふれているが，国全体としては必ずしも英語力があがっているとは言いにくい現状がある．

　近年，本書のテーマでもある『持続可能な』という言葉が世界のキーワードの1つとなっているが，これはまさに語学の学習にも当てはまるものである．日本人が英語を身に付けるには少なくとも 2200 時間は必要であると言われるが，そもそも限られた学校教育の中でその時間を確保することは困難である．アメリカのフロリダ州に本部を置く intelitek 社は，「インダストリー 4.0 の時代には，学習者はこれまでのように知識の受け手に終始せず，継続的に学ぶ力を身に付けることが不可欠である（筆者要約）」と教育のパラダイムシフトの重

要性を提唱している[4].

　総務省情報通信政策研究所の調査［総務省 2022］によると，若者のネット利用時間の平均は，10 代が平日で 191.5 分，週末で 253.8 分，20 代が平日で 275.0 分，週末で 303.1 分となっており，機器別ではスマホの利用率が圧倒的に高くなっている．若者が SNS や動画視聴の時間を少しでも英語学習に使い，効果的かつ継続的に自分で学ぶ力を身に付けることができれば，「たった○○日で英語がペラペラに！」などという広告に飛びつくことなく，学生時代はもちろん生涯にわたって英語力を向上できるのではないかと考える．

　そんな思いを巡らす中で，本年度より本学では「キャリア・イングリシュ Ⅰ・Ⅱ」の講座を開講した．それは，本学の学生が 1 人でも多く，スキマ時間を活用しながら，スマホアプリ等を使って英語の学習を体験し，英語学習のアプローチの選択肢を増やしてほしいと思ったからである．以下，簡単ではあるが講座の内容と講義後の様子を報告し，英語学習に興味のある方への一石となれば幸いである．

1 講座の内容

対象講座と受講生の概要

　今回対象としている講座「キャリア・イングリシュⅡ」は，1 年後期に「キャリア・イングリッシュⅠ」を履修した学生が，2 年前期に履修することができる講座である．両講座のテーマは同様であるが，「キャリア・イングリシュⅠ」では講座内での議論や発表を日本語で行い，「キャリア・イングリッシュⅡ」では英語で行うことを原則としている．新規に開講した講座ということで，本年度の受講生（2 年生 9 名）は 1 年後期にキャリア・イングリシュⅠ」を履修することなく「キャリア・イングリッシュⅡ」を選択することとなったため，変則的に議論や発表は日本語で可としている．

　受講生の進路希望と TOEIC（TOEIC Listening & Reading Test）の受験の有無とスコアは表 4-1 のとおりである．進路希望は大学 3 年次への編入希望者が 5 名，就職希望者が 4 名となっている．TOEIC については，受講期間中に受験をして得点が伸びている学生もいるが，表中のスコアは 4 月当初のものである．

シラバスの内容

　新規の講座であるため，履修学生の状況に応じて講義内容は適宜変更することがあると事前に明記したうえで，シラバスにはその《到達目標》（受講生が講義で身に付ける力）と《評価方法》を以下のように示している．

表4-1　進路希望・TOEIC

	進路希望	TOEIC
A	編入	700点台後半
B	編入	700点台後半
C	就職	600点台後半
D	就職	600点台前半
E	編入	500点台前半
F	編入	400点台後半
G	編入	300点台後半
H	就職	未受験
I	就職	未受験

（出所）筆者作成．

《到達目標》
① 外国語学習における必要要件を理解し，自己の目標や興味に合ったインターネット教材を選択できる．
② 選択した教材を利用して，継続的に学習ができる．
③ 学習の成果や課題を分析し，発表できる．
④ 他の受講生や教員の意見を参考にしながら，自己の学習を振り返り，次の学習構想を練ることができる．

《評価方法》
① 平常点　30％（講義内でのディスカッション，発表後の質疑応答等への参加度）
② レポート　30％（講義や発表に関する内容についてのレポート）
③ その他　40％（講義内発表）

【留意点】
シラバスの作成時に留意した点は以下のとおりである．

① 教材選択や学習方法については，個々の学生のニーズと自主性を重んじる．
② 学生のニーズと状況に応じて，専門的な立場から外国語学習に関する基礎知識を提供する．
③ 学習時間の確保と生涯にわたって外国語学習を継続できる手法を身に付けるという観点から，スキマ時間のスマホ活用を推進する．
④ 他の学生の意見や教員のアドバイスを取り入れながら，自己の学習を振り返り，目的に合った教材選択および活用方法であるかを検討する

という機会を繰り返し提供することで，学生の探究心を醸成する．

⑤　外国語の講座であるが，評価にあたっては，学生の外国語運用能力の高さでは判断しない．

講義の流れ

　紙面の関係上，詳細は割愛するが15時間の講義の流れは以下のとおりである[5]．

1講時：「オリエンテーション」

　シラバスの内容を再確認しながら，本講座が『生涯にわたって英語力（外国語力）を伸ばすためにインターネットをどのように利用できるかを探究する自立支援型の講座である』ことを強調し，積極的な参加を奨励した［＊1］．また，筆者が選んだ無料or廉価のアプリ15個をお試しアプリとして紹介し，同時に無料版アプリのデメリットと注意点を確認した［＊2］．

2講時：「日常の英語学習にアプリを利用する理由」

　スキマ時間の活用による学習の習慣化の重要性とAI技術による復習機能などアプリの利用方法について講義を行った［＊3］．受講生9名中，スマホを無制限にインターネットに接続できる学生が5名いた．一方，残りの4名はwi-fi環境のある自宅（下宿）と学校のみでしかスマホを無制限には接続できなかったため，通学時間を利用して学習を計画する場合は，ダウンロードができる教材を選ぶなどの工夫を促した．同時に，学習目的に合ったアプリの選択について個別にブレインストーミングを行い，学生間でその内容を交流した［＊4］．また，次回までにいくつかアプリを試してみることを課題とした．

3講時：「リスニング力UPのために」

　2講時目にリスニング力をつけるための方策についての質問が複数あったため，特にリスニング力の向上に関する講義を行った［＊5］．同時に，以後の講義の大まかな流れと留意点を示し，2回の発表（中間発表と最終発表）の位置づけや質疑応答の重要性について確認をした［＊6］．その後，前週以降に各自が試したアプリについて交流を行った．

4講時〜7講時：「アプリの交流と中間発表」

　毎時，2名程度の中間発表および質疑応答を行った．中間発表にはパワーポイントは使用せず，実際にアプリの操作をミラーリングで電子黒板に映しながら，アプリを交流する際に使用したメモに基づいて各自の取組経過を発表することとした［＊7］（図4-1は学生の記入例）．また，発表のフィードバックの方

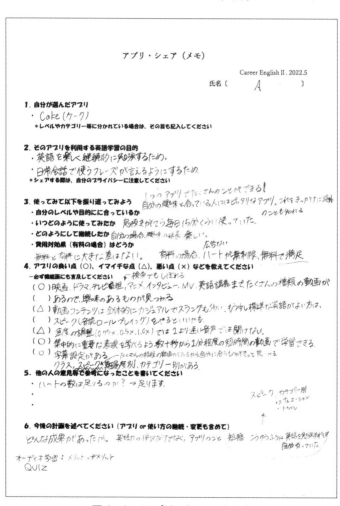

図4-1　アプリ・シェア（メモ）

（出所）学生の記入例．

法として，簡易な Peer Evaluation（相互評価）シートを利用した［＊8］．発表後は補助プリント「スマホ・リーディング（メモ）」［＊9］や「語学にもネットを活用しよう！（筆者投稿記事）」［＊10］などを配付説明する一方で，個別のアドバイスや学生間の交流時間とした．

8 講時〜10 講時：「アプリの検証」

中間発表で選んだアプリの検証と最終発表の準備期間とした．使用するアプリ自体を変更した学生は1名のみであったため，その他の学生は最初に選んだアプリの使用方法等についての検証と工夫を継続して行った．併せて，最終発表のリハーサルと最終発表の日時を決め，発表時における検証内容例（発表時の評価規準）を提示した［＊11］．同時に，パワーポイントによる発表が初めての学生も少なからず存在したことから，「プレゼンのヒント」を配付し，KISS（Keep the information Short & Simple）の原則とメッセージの階層性の重要性などについて簡単に説明を行った［＊12］．

11 講時〜15 講時：「最終発表のリハーサルと最終発表」

11 講時と 12 講時の最終発表のリハーサルと教員によるアドバイスは，本番と同様の形式で，研究室の PC にパワーポイントを，TV モニターにスマホの操作を映し出す形式で実施した．目的に合った外国語習得の方法で学習しているかがアドバイスの主な焦点であったが，併せてパワーポイントの内容やアプ

写真4-1　最終発表に向けたリハーサルの様子

（出所）筆者撮影．

写真4-2　最終発表の様子

（出所）筆者撮影．

リの効果的な提示方法についても若干の改善点を指摘した. 13〜15 講時には
最終発表と質疑応答を行い，15 講時の最後に講義の感想を交流した後，アン
ケートを実施した.

2 講義を終えて

受講生の状況

表 4 - 2 は受講生が選択した教材および住まい，通学方法，通学時間（往復）
を示したものである.

進学希望者のうち A，B の学生は既に TOEIC の目標スコアをクリアしてい
たことから，本講座では個々の興味や伸長したいスキルに応じたアプリを選ん
だ．進学希望者のうち E，F，G の学生は TOEIC のスコアを伸長することを
当面の目標としており，TOEIC のスコアアップに繋がるアプリを選んだ．そ
の中で，E，F の学生は有料ではあるが自己の弱点強化に直結するアプリを選
び，G の学生は中間発表後に唯一アプリを変更した．就職希望者のうち C，D，
H の学生は就職後も英語力を高めたいと考えている．D の学生はアジアからの
留学生であり，日本語とともに英語の資格試験に向けた学習を続けているため，
母国語で学習できる TOEIC 受験向けのアプリを選んだ．さらに，I の学生は，
語学に特化せず，学内で学んだことを効果的に記録し振り返ることができる

表 4 - 2　選択したアプリ・通学方法・通学時間など

	中間発表で選択 したアプリ	最終発表で選択 したアプリ	住まい	通学方法	通学時間
A	Cake	Cake	下宿	徒歩	10 分
B	TED	TED	下宿	徒歩	10 分
C	TED	TED	自宅	電車，バス	90 分
D	E-study	E-study	下宿	バス	20 分
E	SANTA	SANTA	自宅	電車，バス	70 分
F	SANTA	SANTA	自宅	電車，バス	180 分
G	金のフレーズ	abceed	自宅	電車，バス	60 分
H	Duolingo	Duolingo	自宅	バス	30 分
I	Good note5	Good note5	自宅	電車，バス	90 分

（出所）筆者作成.

ノートパッド用のアプリを選んだ.

アンケート結果

　アンケートの結果については，主に以下の3点で検証を試みる.

　　1　シラバスの《到達目標》
　　2　スキマ時間の活用
　　3　受講生のコメント

　　1　シラバスの《到達目標》について
は，数値とコメントによるアンケートを
実施した．数値については，それぞれの
項目で，右のように4段階の評価を求め
た.

表4−3　アンケート（尺度）

4	とてもそう思う
3	そう思う
2	あまりそうは思わない
1	そうは思わない

〔出所〕筆者作成.

　《到達目標》は「受講生が講義で身に
付ける力」を示しており，アンケート結果からは，講座における受講生の達成
度がどの程度のものであったかが推測できる．各項目と数値の結果〔4点満点
の平均値〕は以下のとおりである.

　　①　外国語学習における必要要件を理解し，自己の目標や興味に合ったイ
　　　　ンターネット教材を選択できる.〔3.67〕
　　②　選択した教材を利用して，継続的に学習ができる.〔3.67〕
　　③　学習の成果や課題を分析し，発表できる.〔3.22〕
　　④　他の受講生や教員の意見を参考にしながら，自己の学習を振り返り，
　　　　次の学習構想を練ることができる.〔3.56〕

　受講生の達成度に関する《到達目標》（項目①〜④）の平均値は4点満点中
3.53となっている.
　さらに，アンケートでは，『生涯にわたって英語力（外国語力）を伸ばすため
に，インターネットをどのように利用できるかを探究する』という講座である
という主旨から，以下の項目を追加している．その内容と結果は以下のとおり
である.

⑤　今後もインターネット（スマホや PC のアプリ等）を活用して，学習を継続したいと思いますか．〔3.44〕

上記 5 項目の学生毎の平均値は 3.13〜3.88 で分布し，全体（項目 ① 〜 ⑤）の平均値が 3.51 となっていることから，きわめておおざっぱな分析ではあるが，受講生は講座の目標から大きく外れることなく意図した能力を概ね習得しているといえる．

2　スキマ時間の活用については，1 日当たりどのくらいの時間をスキマ時間でのスマホ学習に費やしたかについて，それぞれ平日と週末に分けてアンケートを実施した．学習時間は 30 分単位で記入している．以下のグラフは，講義前と講義後のスマホ学習時間の伸びを示したものである．

Ⅰの学生はノートアプリを選んだため，スマホによる学習時間は計上されていないが，講義前後で比較すると，全体としてスマホによるスキマ時間の活用が促進されていることがわかる．また，聞き取りによる調査より，C，D，F の学生は，じっくりと時間を確保できる週末はスマホ学習以外の学習に取り組み，平日に通学時間や講義の空き時間等を活用してスマホ学習に取り組んでいたことがわかっている．同時に，従来のスマホ使用時間（SNS やゲームなど）を減らすことなく新たにスマホ学習に取り組んだ学生もおり，すべての学生が従来のスマホ時間を削ってスキマ時間のスマホ学習にあてていたわけではないこともわかっている．

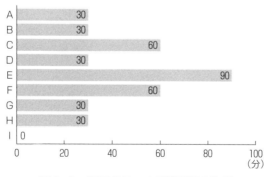

図 4 - 2　平日のスマホ学習時間の伸び

（出所）筆者作成.

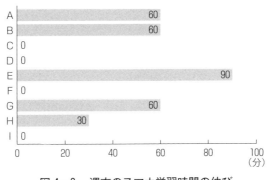

図 4 - 3　週末のスマホ学習時間の伸び

（出所）筆者作成.

3　受講生のコメントには多くの示唆が詰まっているが，紙面の都合上，本章では数多く共通する点から講義の成果を，気になる点から講義の課題を検証する.

（1）学習の目的に応じたアプリの選択と使用方法の工夫について

最終発表の検証内容例では，

① 目的に合ったアプリを選んでいたか

② どのような力が付いたか

③ どのようにアプリの使用場面，使用方法を工夫したか

ということを明示していたが，多くの受講生が「自分の伸ばしたい力をまず明確にし，その目的を達成するためにアプリの選択や使用方法を工夫することができた」と述べている. 本講座では，教員から全体に与える知識はできる限り絞り，個々の学生がそれぞれの状況に応じて課題を解決することを個別に支援する時間を重視した.「アプリを通して自分を客観的に見つめるきっかけになった」，「自分に合った勉強の仕方がわかった」というコメントや，「自分の英語力を分析できてはじめてスキルアップが期待できます」という後輩へのアドバイスにも表れているように，適切なアプリを選択しようと模索する過程で，学生が個々の英語力や学習方法についてのメタ認知能力を高めようとしている姿がうかがえる. このような姿は，副次的ではあるが学生が生涯にわたって独

自に学習を進めるうえではプラスに作用すると推測できる.

（2）他の学生との関わりについて

さらに，最終発表の検証内容例では，

④　教員による当初の説明，他の人の発表や質疑応答などを通じて，どのようなことを学んだか（or それをどう活かしたか）

を明示していたが，「他の人のアプリの選択の視点や使用方法がとても参考になった」，「自分では気づかない点を質疑応答で指摘され，その後の改善に役立った」，「同じアプリを選択した人と刺激しあいお互いの能力を高めることができた」などというコメントが目立った．教員によるアプリの使用方法や英語力アップについての説明より何倍も多く「他の学生からの影響が大きい」というコメントがあることは，教員による知識の伝達より学生の協働性の方がある意味重要であることを感じさせるものである.

（3）2回の発表とリハーサルについて

「この講義では，検証し，課題を発見し，分析するというサイクルを体験できた」「中間発表という形でそれぞれの学生の途中経過をシェアし議論するという方法はとても役に立った」という学生のコメントに代表されるように，中間発表を入れることで各自の取組をいったん検証し，改善した取組結果を最終発表に繋げるという形態は，講座内で選んだアプリの活用結果の成否自体より，学生が自分に合った学習を試行錯誤し，アプリを使って持続的に学習を継続できるヒントを得るという点では効果があると考えられる．また，「**今後もインターネット（スマホや PC のアプリ等）を活用して，学習を継続したいと思いますか**」という前述の質問についても，「社会人になってからの学習方法も考えるようになった」，「自分がやりたいと感じた時にスマホを活用することができると思えるようになった」，「学習の幅が広がり嬉しかった」などのコメントがあり，学習方法の1つとしてのアプリの活用に見通しをつけている様子がうかがえる.

　最終発表のリハーサルは，スマホとパワーポイントの2種類の画面を同時に使用するというやや複雑な形式の発表練習という意味合いも含めて実施したが，

学生はスマホ操作に慣れており技術的にはまったく問題なかった．一方，「自分の伝えたい内容が再整理され洗練された」，「自分の使い方が効果的であるかどうか不安であったが，説明を聞いてポイントが整理できた」など，リハーサル時の教員によるアドバイスは学生の思考の整理に役立っていたことがわかる．

（4）アプリの利用について

アプリの利用については，講義中に聞き取った内容も踏まえると功罪さまざまなコメントがある．「自分ではわからない弱点を AI が判断し強化してくれた」，「毎日の目標設定をアプリでできるので活用した」，「アプリが良い評価をしてくれるまで頑張って発音練習を続けた」など，アプリ自体のサポート機能を有効に利用していることがわかる．その一方で，「アプリは弱点ばかりを指摘するので気持ちが折れそうになった」，「TOEIC の読解対策はスマホでは画面が小さすぎて練習できない」などスマホアプリの限界も指摘している．「目的によってアプリを利用し，紙の教材の方がいい場合は使い分ける」というコメントもあり，紙の教材の良さを改めて認識するようになっている姿もうかがえる．

（5）課題について

受講生のコメントや数値評価から本講義の課題が少なからず認識できる．ここでは数値評価で『あまりそうは思わない』と記している 2 名の学生のコメントに着目し，若干の分析をしておきたい．最初の学生は「スピーキングの伸長をテーマにアプリを選んでいたがうまく検証できていなかった」と述べており，低い評価をしているのは本人の謙虚さに起因していたことがわかる一方で，「中間発表ではアプリの紹介に重きを置いてしまった」とも述べている．中間発表では「選択したアプリがどのように自分の学習目的に合っているかを紹介する」よう誘導したが，「なぜ選んだアプリが他のアプリより自分の学習目的に合っているかを説明する」よう求めていれば，アプリは目的を達成するための手段であることへの認識をさらに深めていたのではないかと考える．2 人目の学生は，「選んだアプリではあまり目的を達成できなかった」「スマホは楽しみのために活用するもので，勉強は紙がいい」「他の人の発表で魅力的だった TED をすでに使い始めている」と述べている．この学生は TOEIC 対策のア

プリを選択していたが，スマホアプリでの演習を継続することに困難を感じて
いたことがわかる．同時に，今回 TOEIC 対策アプリを選択した 4 名の学生の
うち 3 名が「今後は自分の興味や関心を深めるような題材を楽しく自由に英語
で学びたい」という主旨のコメントをしている．このことは，言語を身に付け
るという本来の目的が，個々の興味関心に応じて情報を得る（やり取りする）こ
とであり，検定試験等に向けたスキルの向上のみを目的とするものではないと
学生が実感していることの一端を示すものであり，教員としても忘れてはなら
ない視点であるといえる．

おわりに

「アプリに使われずアプリを使う」．これはある男子学生が，最後の交流時間
に述べた嬉しいひと言である．独断的な解釈ではあるが，「アプリは道具であ
り，今後いかに利用するかは自分次第である」というふうに聞こえる．教員と
して，これまで多くの労力と時間を「知識をいかにうまく伝えるか」に割いて
きた．しかし，AI 技術やアプリなどの急速な進歩をうまく活用し，学生が生
涯にわたって外国語の学習を継続できるようどれほど支援できていたかは疑問
である．「英語の勉強の手段はいろいろあって便利だが，逆にそれが理由でど
うしたらいいかわからない時があったので，この授業はとてもいい経験になっ
た」という女子学生のコメントは，学生が教員の専門的な知識を参考にして自
分の目的にあった学習方法を試しながら，「いつでも，どこでも，自分のペー
スで」学習を続けていくことができる力を，引き続き養成していかなくてはな
らないと感じさせてくれる．この講座を受講した学生が，今後も自立的に学習
を進め，磨いた語学力を生かして活躍してくれることを願っている．

注

1）Internet World Stats 'Usage and Population Statistics'（https://internetworldstats.
　com/，2022 年 8 月 30 日閲覧）.

2）Visual Capitalist 'The Most Used Languages on the Internet, Visualized'（https://
　www.visualcapitalist.com/the-most-used-languages-on-the-internet/，2022 年 8 月 31 日
　閲覧）.

3 ）U.S. DEPARTMENT of STATE 'Foreign Language Training（https://www.state.gov/foreign-language-training/，2022 年 9 月 1 日閲覧）.

4 ）Intelitek 'The Education 4.0 Revolution'（https://intelitek.com/，2021 年 10 月 27 日閲覧）.

5 ）「配付プリント一覧［＊ 1 ～＊ 12］」を閲覧希望の際は，katayama@kyoto-econ.ac.jp までご一報ください.

参考文献

総務省［2022］「令和 3 年度情報通信メディアの利用時間と情報行動に関する調査報告書」
（https://www.soumu.go.jp/main_content/000831289.pdf/，2022 年 9 月 2 日閲覧）

（片 山 康 彦）

第5章 サプライチェーンと SDGs

はじめに

　本章では，SDGs への関心を持ちながら，多様な製品バリエーションと大量生産を両立する仕組みについての研究，すなわち生産販売統合システムとサプライチェーン研究の成果を検討，紹介する．本章のポイントは次の2点である．第1に多様な製品バリエーションのもとで，売れるモノをできるだけ売れるタイミングで生産する仕組みはエコである．第2に倉庫を典型とするタイミング・コントローラーの介在とそれと買い手企業との密接な関係に基づくジャストインタイム（以下 JIT と略記）納入は，供給企業の大ロット生産を実現し，サプライチェーン全体のコストを最小化しうる．これらは，競争の中で企業が利益追求のために導入してきた解決策であり，同時に無駄な製品を生産しない取り組みでもある．

　本論ではまず，大量生産の現実の姿として多品種多仕様大量生産を取り上げる．そこでは多様な製品バリエーションをいつ生産するかという視点に関わって，それぞれの産業の立脚する技術と市場の条件のもとで，計画ロットと計画先行期間をそのメルクマールとして，具体的は変革が行われてきた．できるだけ予測の精度向上とリードタイム短縮に取り組むそのありようは，変化する環境の条件のもとで，一貫して変わらない方向性とその部分的修正に関わって引き続き検討されてよい．

　次に私はこれまで倉庫の介在がサプライチェーン全体のコストを最小化する可能性があること，つまり，リードタイム短縮とコスト削減の同時実現を可能にするということに関心を持って，その実証的理論的研究に取り組んできた．

本章で紹介する「岡本モデル」はそのことの具体的ありようの1つを提示しており，そうして，流通世界に生産世界の導入する，あるいは生産世界と流通世界を包括した全体世界から，流通世界を見ることになっている．

　タイミング・コントローラーの介在によるサプライチェーン全体のコスト最小化は，あくまで試論であり，またそうした状態が実現するケースはひとまず限定的であるといえる．しかしながら，JIT が極致であることを示すことは，非常に興味深い課題であり，このことの意義を具体的に検討していくことが今後の1つの課題となっている．

　そうして，本章での検討は SDGs の 17 の目標のうち，12 つくる責任，つかう責任に関連する検討となる［国際連合広報局 2015］．そこでは，持続可能な消費と生産には，資源効率の改善と省エネの推進，持続可能なインフラのほか，すべての人に基本的なサービス，環境にやさしく，やりがいのある仕事，生活の質的向上を提供することが関わっており，これを実現すれば，全般的な開発計画の達成，将来的な経済・環境・社会コストの削減，経済的競争力の強化，さらには貧困の削減に役立つ．持続可能な消費と生産は，「より少ないもので，より大きな，より良い成果を上げる」ことを目指す．ライフサイクル全体を通じて生活の質を改善する一方，資源利用を減らし，地球の劣化を緩和し，汚染を少なくすることで，経済活動から得られる利益を増やす．また，生産者から最終消費者に至るまで，サプライ・チェーンにおける体系的なアプローチとアクター間の協力も必要になってくるとされている．

1 ｜ 生産販売統合システム

大量生産

　企業の活動とは何なのか，その基本をみてみよう．企業は一定のカネをもとに，機械や原材料，及び労働力を購入し，そして生産を行い，それを販売することによって，再びお金を得る．これが企業活動の基本といえる．カネからスタートして，また同じカネに戻るわけだから，その目的はカネを増やすことしかない．つまりそれが利益を得ることである．

　では，利益はどうやって生まれるのか．利益とは売上マイナス費用に他なら

ない．そうして，利益を上げようとすれば，結局のところ，売上高を増やすか費用を減らすか，この2つしか方法はない．もちろんパターンとしては，売上高も費用も増えるが，費用の増え方以上に売上を増やすか，その反対パターンなどもあるが，結局は売上を増やすか，費用を減らすかに集約される．

　次に，この2つの方向性のうち，売上を増やすことをみてみると，売上高は単価かける数量なわけだから，売上高を増やすためには，単価を上げるか数量を増やすしかないが，競争を前提とすると単価をあげることは容易ではない．仮に企業が製品の単価アップに成功したとしたら，逆説的にその企業は「差別化」に成功したといえる．数量についてみても，競争を前提とすると，一定の市場規模の中で，急に増加できることは現実的ではない．したがって，結果的には数量の増加につながるであろうが，まずは費用を下げることを考えなければならない．企業が競争の中で選択したコスト削減の方法は大量生産である．

　大量生産がコスト削減に結び付くのは，規模の経済が働く時である．仮に機械100万円である製品を100個生産していたとする．そうして1000万円を投入してより大きな機械を導入したことによって，生産量が1万個になったとする．この場合，機械に要するコストは10分の1になっている．規模の経済とはこの効果のことである．全ての分野でこの効果が作用するわけではない．ある条件のもとでそうなる．そういう世界がある［加藤 2013］．

多品種多仕様大量生産

　さて，こうした大量生産は現実には，多品種多仕様大量生産として展開されることになる．このことについてみてみよう．

　これまでみてきたように大量生産は巨額の固定資本を必要とし，コスト削減を可能とするが，相応の生産量が確保されなければ却ってコストは上昇する．したがって，企業は競争の中で生産量を確保するために生産し続けなければならないことになる．そうして，そのことは競争の激化をもたらす．企業は今や大量生産を多品種多仕様大量生産として，展開しなければならないこととなる．

　さて，この多品種多仕様大量生産は新たな困難に直面することになる．すなわち，① 生産それ自体の難しさ，② 何をいつ作るか，の時間に関する判断の難しさである．

②のいつ作るかという問題に関連して，企業には2つの生産方式がある．生産してから販売するか，あるいは販売してから生産するか，である．ここでの販売とは受注時点を示す．そうして，それぞれの方式には長所と短所がある．見込み生産の長所は言うまでもなく，短納期にあり，その短所は，販売機会の喪失かあるいは在庫増にある．他方，受注生産の性質は見込み生産の裏返しといってよい．すなわち，その長所は需給の一致にあり，短所は長納期ということになる．

では，こうした2つの生産方式に長所，短所が存在するもとで，企業はどんな取り組みをしてきたのだろうか．一見，多様かつ，複雑に見える取り組みもひとまず，企業の理想とする究極の姿を想定することによって，理解しやすくなる．あり得ない想定ではあるが，企業の完全予測を可能とするのなら，企業は前もって見込み生産を開始すればよい．また，反対に企業が生産に要する時間，リードタイム（所要時間）をゼロにまで短縮できるなら，企業は不確かな予測を行うことなく，注文を待って生産開始すればよい．こうした想定はあり得ないものであるが，現実の企業の方向性を導くのに有効である．すなわち，多品種多仕様大量生産の抱える困難について，現代企業の取り組みの方向性は，① できるだけ予測の精度向上に取り組み，② できるだけリードタイムの短縮に取り組むことにある．

では，多品種多仕様化は実際にはどの程度進展しているのだろうか．自動車の多品種生産をみてみよう．トヨタの1年間（2021年）の国内販売台数（軽を除く）は141万2738台（2019年は155万1204台）となっており，トヨタの車種数は数え方にも拠るが約50種にのぼる．仮に国内販売台数を車種数で割ると，それぞれの車種は平均して約3万台生産されることになるが，言うまでもなく現実は違っている．2021年1年間における国内の車種別販売台数をみると，トヨタ自動車の販売する車種が1位から10位までのうち，5位と10位を除く順位を占めているが，1位から4位の4車種だけで55万3442台とトヨタの1年間の販売台数の3分の1を上回っている．このことはそれだけ売れ筋商品と死に筋商品とが存在することを示している．そうしてそればかりか，多仕様というレベルまで検討すると，通常自動車の仕様は，基本仕様，すなわちB/T（ボディタイプ），E/T（エンジンタイプ），M/T（トランスミッションタイプ），Grade（グ

表 5-1　トヨタの国内販売台数 (2021 年)

月	2021 年 1 月～2021 年 12 月			
順位	ブランド通称名	ブランド名	台数	前年比
1	ヤリス	トヨタ	212,927	140.3
2	ルーミー	トヨタ	134,801	154.5
3	カローラ	トヨタ	110,865	93.7
4	アルファード	トヨタ	95,049	104.7
5	ノート	日産	90,177	124.9
6	ライズ	トヨタ	81,880	65.0
7	ハリアー	トヨタ	74,575	112.9
8	アクア	トヨタ	72,495	121.7
9	ヴォクシー	トヨタ	70,085	100.8
10	フリード	ホンダ	69,577	91.2
11	セレナ	日産	58,954	85.9
12	フィット	ホンダ	58,780	59.9
13	シエンタ	トヨタ	57,802	79.5
14	ヴェゼル	ホンダ	52,669	159.9
15	RAV 4	トヨタ	49,594	90.4
16	プリウス	トヨタ	49,179	73.1
17	ソリオ	スズキ	44,713	110.8
18	ノア	トヨタ	44,211	97.3
19	ステップワゴン	ホンダ	39,247	114.0
20	キックス	日産	35,044	191.2
21	ランドクルーザー W	トヨタ	33,481	127.3

（注）軽自動車および海外ブランド車を除く.
（出所）自動車販売連合会ホームページ.

レード) にカラー, オプションを掛け合わせたものとなっており, たとえばトヨタの Vitz を例にとると, その仕様数は 9216 となるという (2008 年 4 月時点). つまり, 先にトヨタにおける車種数は約 50 と述べたが, これに仕様数をかけた数字, 数十万を数えるバリエーションをできるだけ在庫を押さえながら, またできるだけ納期を短縮しながら生産する仕組みづくりが構築されてきたわけである.

　では企業は具体的にどのように取り組んでいるのだろうか. 自動車産業における取り組みのモデルを紹介すると, そこでは, 自動車メーカーは自動車ディーラーとサプライヤーとの密接な関係構築のもと, 売れ行きに関する情報と生産に関する情報を交換し合いながら, 生産計画を策定していくことになる.

　たとえば N 月の 15 日頃に N＋1 月の 1 カ月分の生産台数を計画するが, そ

の際製品バリエーションとの関係でみると，車種レベルでの生産台数が策定される．そうしてN−1月の22，23日頃に今度はエンドアイテムレベルでの，すなわち仕様レベルでの生産計画が一旦作成される．さらに，実際の生産日に先立って，その2，3日前にボディカラーなどオプションが見直される．大きな部品は1週間前まで，ボディカラーなどオプションは生産の2，3日前まで変更することができるのである．こうした販売動向に柔軟に対応した生産計画の変更の仕組みは自動車の生産におけるその技術の特性に基づいている．すなわち，部品，原料まで含む自動車の長い生産プロセスにおいて，「注文」が投入されるのは，その生産プロセスの後半部分であり，それ以降のプロセスがほぼ1日となっている．こうしてトヨタでは，多様な製品バリエーションのもとで，できるだけ販売動向に即応した生産の仕組みを構築しており，その強力な販売力にも支えられて，無駄な在庫を持たない経営を行ってきた．

　このように，大量生産システムは多品種多仕様大量生産として展開されてきている．そこでは，企業は多様な製品を生産することそれ自体の難しさ，及びいつ「作るか」という課題に直面する．こうした困難への解決策として，企業はリードタイムの短縮と予測精度向上に取組んできている．岡本はその発展指標を「計画ロット」，「計画先行期間」と規定し，その周辺部でさまざまな産業企業を対象として，その産業特性のもとでの具体的ありようを探求してきた．さらに富野は，需要動向に応じた生産計画の修正と安定生産との絶妙バランスの重要性を指摘している［富野 2012］．

2 ｜ サプライチェーンと倉庫

ロジスティクス・サプライチェーン・倉庫

　さて，前節にて述べたようなできるだけ販売動向に即したものづくりはさまざまな産業企業において取り組まれてきた．現実のサプライチェーンをみるとき，すなわち，顧客への配送までを視野に入れて検討するとき，倉庫が介在しないケースは極めて限定的といってよい．ここでは，広義の生産システムとしてサプライチェーンを捉え，その具体的なありようをみていこう．

　日本製造企業が生産・販売統合システムの構築を図る中で，ロジスティクス

部門は，サプライチェーンにおける時間調整において，生産と販売との連携を基礎にして，これを有効的かつ効率的に支えなければならない．そのために，ロジスティクスは，一方で企業特殊的な倉庫投資と在庫保持を，他方で受注生産による直送をそれぞれの極に置きながら，サービスとコストのトレードオフの中で最適なモノと情報の流れを構築しなければならない．

　ロジスティクスの1つの軸になるのは，倉庫である．ロジスティクスは倉庫の立地と機能を工夫して，モノと倉庫，及び情報の集約分散によって，サプライチェーンにおけるリードタイムの短縮とコスト削減の同時実現に向けて貢献する．

　①　倉庫は時間的調整を本質とする．
　②　倉庫の機能は「速く，確実な」供給の実現にある．

ロジスティクス・システムはこの機能を高度化する仕組みである．

　③　そうして倉庫の意義は，ロジスティクス・コストさらには，サプライチェーン全体のコストを削減することにある．

ロット生産によるコスト削減効果の大きい素材企業等では，そのコスト減少分が倉庫を介在させることによるコスト上昇を吸収する可能性がある．

　サプライチェーンにおける倉庫の立地と機能に関するこうした本質，意義，機能に対応して，ロジスティクス部門（業）は，自ら準備する倉庫の立地と機能に関するフレキシビリティを備えて，適切なロジスティクス・サービスを提供し，サプライチェーンを支えなければならない．

　ロジスティクス部門の役割は，適切な在庫移動のためにそのタイミングコントロールを行うことにある．倉庫は時間的調整によって，ロジスティクス，さらにはサプライチェーンでのタイミングコントロールに貢献する．私は，倉庫の投機的立地を積極的に評価する．完成車メーカー等，ユーザー企業からのJIT納入の要請は不可避となっているが，これに対応するロジスティクスは着荷主との密接な関係を構築し，モノの使用部面とタイミングに関する具体的かつ詳細な情報を得ることが重要である．在庫があるだけでJITを実現できるわけではない．投機的倉庫立地はユーザーとの関係性を緊密にする．最も投

機的な在庫ロケーションは，サプライチェーン・コストを最小化する可能性が
ある．そうして，ユーザーと緊密に情報共有する消費対応型倉庫は，サプライ
チェーンにおけるタイミング・コントロールにより積極的に関与する可能性が
ある［加藤 2021］．

　このように私は倉庫の立地と機能の問題を軸にサプライチェーンを具体的に
検討する作業に取り組んできた．そうして，タイミングコントローラー研究は，
倉庫の検討に関して，非常に有効な知見を与えてくれている．

　ここで改めてタイミングコントローラー研究の成果を紹介しておこう．

タイミング・コントローラー研究と岡本モデル

　タイミング・コントローラー研究は，生産システムを構成する供給企業と需
要企業の活動に着目してきたが，供給企業と需要企業の間に介在する企業にも
眼差しを向ける．タイミングコントローラーとはある製品の生産における素材
から完成品に至るモノの流れのなかで，ある素材企業と完成品企業の中間に位
置し，その素材の流量と流速を変換する機構のことである．素材の流れを調整
する機能（タイミングコントロール機能）が単体の企業に分離・独立したものであ
り，中小企業，零細企業である．多くの場合，多かれ少なかれ素材の姿態変換
を伴うが，素材の姿態変換に伴う付加価値はそれほど大きくない場合が多い．

　タイミング・コントローラーの生起要因として，完成品企業が使用する当該
素材の仕様が多岐にわたる．完成品企業が使用する当該素材の数量はかなり多
量である．完成品企業が当該素材を在庫として保有することを避ける．素材生
産企業の生産技術はロット生産であり，できるだけ大ロット生産を志向する．
つまり，

　　（素材生産企業の大ロット生産によるコスト削減効果）＋
　　（完成品企業の JIT 納入によるコスト削減効果）≧タイミング・コントロー
　　　ラーが介在することによるコスト上昇

　この場合にタイミング・コントローラーが生起する．

　次にここではサプライチェーンの具体的ありようとして，鉄鋼企業と造船企
業との取引に物流企業が介在するケースを簡単に紹介する［中道・岡本・加藤

2017；加藤 2017]．鉄鋼企業と造船企業との取引に介在するある物流業者は，造船企業の近隣に立地しており，鉄鋼企業から納入される厚板を一旦物流基地に保管し，造船企業での生産進捗状況に合わせて，JIT での供給を担っている．そこでは，物流企業は鉄鋼企業から使用時期とは直接連動せずに入荷されてくる厚板を造船企業との密接な情報交換と長年に経験をベースとして，仕分けし，造船企業での生産進捗条件に合わせて，決して欠品することなく JIT 供給する役目を担っているのである．

　さて，こうしたサプライチェーンの実際をどう理論的に捉えるか．この問題に関連して，流通論においては既に一定の研究蓄積がなされてきている．

　バックリン・モデルは，買い手の待ち時間（納期）と流通費用の最適化を理論化したものである（**図5-1**）．そこでは，買い手の費用（費用曲線 C）は待ち時間が長くなると上昇，短くなると減少する．売り手の費用（費用曲線 D）は，買い手の許容する待ち時間が長くなると，計画的な生産や配送，在庫の圧縮，混載の推進から費用が下がる．短くなると，急な注文のための在庫増，人員や車両の手配の困難さから費用負担が上昇する．極端に短い待ち時間での納品を要求されると，売り手は在庫を配置し，買い手の要求に応えるようになる（費

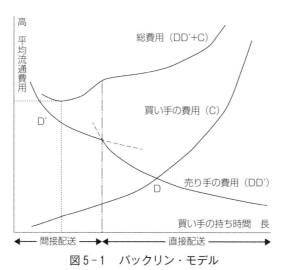

図5-1　バックリン・モデル

（出所）矢作 [1996]．

用曲線 D').

　そして，岡本モデルは，こうしたバックリン・モデルは，あくまで流通分野に注目しており，そこでは生産の問題が充分に検討されていないとし，その修正を試みる［中道・岡本 2019］．**図 5-2**はその概念図である．ここでは鉄鋼企業は，ユーザーから納入において求められるロットの大小に関わらず，一定のロット組みを図り対応する．このことは強調されてよい．サプライチェーンマネジメントの導入のもと，多くの産業企業においてその産業特性のもとで，需要動向に即した小ロット生産が志向されているとの論調が主流となってきたが，現実をみると，むしろ納入時期を前倒しして，ロット生産を志向しているのである．こうしたロット生産を倉庫は在庫保管とデリバリー調整の点で支えている．

　こうした究極的なケースが成立するのは限定的といえる．すなわち，タイミング・コントローラー（以下 TC と略記）は，小口扱いに習熟しているという論理的想定の下に，規模の経済性は極めて小さいと考え，論理的操作としてそれを捨象する．たとえば，TC の生産部面でみると，たとえば，トヨタのコイルセンターでは，あるサイズが 2 トン必要だが，ロットをまとめるために 3 トン切っておいて，あと 1 トンは在庫するといったレベルと想定できるため論理的

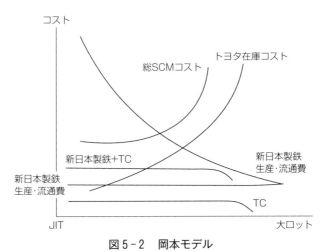

図 5-2　岡本モデル

(出所) 中道・岡本 [2019].

には無視してよい．さらに TC と需要家との距離が近接し，１日１回の配送が３日に１回になっても（ロットを大きくしても），それほどコストは低下しない，つまり規模の経済性は小さいので無視してよい．そうして，図表では TC を目立たせるために，一定の数値を計上しているが，鉄鋼の総費用（生産費＋TC 費）に占める TC 費は，たとえば，薄板トン当たり 10 万円に対して数百円のレベルで１％にも達しないのではないか．

そうして，なぜ TC の規模の経済を無視するかについて，岡本は以下のように述べる[1]．

　　細かいレベルで規模の経済性を問題にすると，TC の費用曲線は右下がりになり，総費用の最小点は右に移行する．トヨタや造船企業の JIT 要求の極致とは違ってくる．そうすると，パワー論で補強しなければならない．TC 論はあくまでも論理であり，それが成立するための抽象世界に基づくが，現実は買い手の調達コスト，鉄屋の生産費，TC コストのありようによって，多様な姿を示すであろう．

この試論には，検討の余地が多々ある．しかしながら，ロット生産の追求とそれを支える倉庫の存在がサプライチェーン全体のコストを最小化しうることの意義は強調してしすぎることはない[2]．SDGs における「つくる責任，使う責任」に関わって，リードタイム短縮とコスト削減の同時実現を可能にするサプライチェーンとして注目されてよい．

注

1）筆者と故岡本博公氏とのメール，2020 年 11 月，参照．
2）ロット生産の意義をそこに必然的に介在することになる物流拠点の意義と同一視するのは混乱である．引き続き検討が必要である．

参考文献

〈邦文献〉

岡本博公［1995］『現代企業の生・販統合――自動車・鉄鋼・半導体企業――』新評論．

――――［2018］「コイルセンターと自動車薄板――タイミング・コントローラー試論――」『同志社商学』69（5）．

加護野忠男［1999］『競争優位のシステム――事業戦略の静かな革命――』PHP 研究所

〔PHP 新書〕.

加藤康［2000］［ロジスティクスシステムと倉庫］『商学論集』（同志社大学大学院）34
　（2）.

――――［2009］「サプライチェーンとロジスティクス――倉庫と情報――」『工業経営研
　究』23.

――――［2010］「サプライチェーンにおける倉庫の発展」『京都経済短期大学論集』18
　（1）.

――――［2011］「食品サプライチェーンと倉庫」『京都経済短期大学論集』18（3）.

――――［2013］「家電サプライチェーンと倉庫業」『同志社商学』64（5）.

――――［2014］「大企業と中小企業」，京都経済短期大学編『企業と利益がわかる』ミネ
　ルヴァ書房.

――――［2017］「厚板サプライチェーンと倉庫」『京都経済短期大学論集』24（3）.

――――［2021］「ロジスティクスとタイミングコントロール」『同志社商学』72（5）.

国際連合広報局［2015］『我々の世界を変革する――持続可能な開発のための2030アジェ
　ンダ――』PDF.

富野貴弘［2012］『生産システムの市場適応力』同文舘出版.

中道一心・岡本博公・加藤康［2017］「タイミング・コントローラー試論――造船用厚板
　――」『同志社商学』69（3）.

中道一心・岡本博公［2019］「タイミング・コントローラーの産業間比較」『産業学会研究
　年報』34.

藤本隆宏［2001］『生産マネジメント入門 I・II』日本経済新聞社.

矢作敏行［1996］『現代流通 理論とケースで学ぶ』有斐閣.

矢作敏行・小川孔輔・吉田健二［1993］『生・販統合マーケティング・システム』白桃書房.

李瑞雪・安藤康行［2022］『物流管理とSCMの実践』ミネルヴァ書房.

〈欧文献〉

Alderson, M.［1957］*Marketing Behavior and Executive Action*, Richard D. Irwin.

Bucklin, L. P.［1966］*A Theory of Distribution Channel Structure*, IBER.

（加 藤　康）

第6章 観光資源の魅力を高める無電柱化事業
——持続可能なまちづくりに向けて，佐倉市を対象とした研究事例の紹介——

はじめに

　本書を手に取ってくれているみなさんは，素敵な景観を求めてどこかに観光したいと思うことはあるだろうか．人里を離れた大自然，江戸時代以前を感じさせるような古い町並み，人によっては懐かしさを感じる昭和のレトロな町並み，あるいは近代的に設計された都市など，日本国内には魅力的な景観が地域のいたるところに存在する．そしてこうした景観は地域にとっての貴重な観光資源になりえるため，大きな期待が持たれている．

　優れた景観を活用した観光産業は，持続可能なまちづくりの観点からも重要である．以前の日本では，1987年に制定された総合保養地域整備法（リゾート法）のもとで，全国各地どこも似たようなリゾート施設の建設のために多額の費用をかけてきた．しかし，地域がより主体的に持続可能な形でまちづくりを進めるためには，地域の特性を考慮せず場合によっては特性を破壊するような無理な開発よりも，地域の長所を最大限に活用していくことの方が求められる．それを可能とするのが地域固有の景観資源の活用である．

　地域が持続可能な形で景観資源を活用するためには，まずは地域の優れた景観価値を認識することが必要だろう．地域特有の景観は，普段その地域で生活している人々にとっては当たり前すぎてその価値に気づきにくいものであるかもしれない．しかし一方で，地域外の人々にとっては非日常を体験できる貴重なものとなるかもしれない．あるいは，普段その地域で生活している人にしか全く知られていない優れた景観がどこかの地域に眠っているかもしれない．こうした地域の優れた景観価値をしっかりと把握し，活用と保全を両立していく

ことが求められる.

　優れた景観整備が地域にもたらす効果は，今後より大きくなっていくだろう．なぜならば，近年 Facebook や instagram のようなインターネット上のソーシャルネットワークサービス（SNS）等が急速に発達しているからだ．観光客の中にはその場で景観を楽しむだけでなく，写真や動画の撮影を行って思い出に残したりする人もいる．そして今の時代，撮影された景観情報は容易に SNS 等に投稿することが可能であるため，旅先からすぐに情報を発信する人も多い．SNS で発信される優れた景観情報は，大勢の人々から閲覧されて評価されることになる．こうしてより優れた撮影（映える撮影）を可能とする景観は，外部からの観光客を呼び込みたい地域にとってはますます重要となるだろう．

　優れた撮影を目指すとき，人々はどのようなことに注意をするだろうか．このような問いを投げかけておいて申し訳ないのだが，著者自身は撮影の専門家ではないので技術的な議論をすることはできない．しかし，専門外の著者でも，できる限り被写体の優れた情報をそのまま切り取りたいという思いは一応持っている．より優れた被写体の撮影のためには，目的の被写体の邪魔になる他の情報はなるべく映らないように努力するだろう．つまり，優れた景観の阻害要因を極力排除するような景観整備が重要となってくる．

　それでは地域はどのような景観整備ができるだろうか．本章で考える景観整備の一例として，1 枚の写真を紹介する．**写真 6-1** は今回紹介する研究事例の対象地域である千葉県佐倉市の武家屋敷通りの写真である．できるだけ江戸時代を感じる景観を撮影しようと考えた場合，あまり望ましくないものが映りこんでいるのがお分かりいただけるだろうか．それは地上の電柱・電線である．近年のデジタル加工技術があれば，映像内の電柱・電線を消すことは容易だろう．しかし，実際に現地を訪れている観光客にとって，視界に入ってくる地上の電柱・電線の存在感は大きい．

　地上の電柱・電線整備は，近年の優れた景観整備の議論の中でも特に注目されているものの 1 つである．**写真 6-1** で示したように，地上の電柱・電線が景観価値に影響してしまう可能性があるからだ．高度経済成長期の工業化が進む日本の景観を求めるのであれば，ビルの狭間の空間を覆いつくすような電

写真 6 - 1　佐倉市の武家屋敷前

（出所）2022 年筆者撮影.

柱・電線の景観は，ある種の日本らしさなのかもしれない．一方，電柱が存在しない江戸時代以前に建造された物や町並みの景観を地域の観光シンボルとするのであれば，電柱・電線の存在は決して好ましいとは言えない．

　日本の電柱・電線整備は，日本国民に一律に電気を供給するべく，全国いたるところで満遍なく進められてきた．資源エネルギー庁［2021］によると，高度経済成長期（1960 年代頃）には年間最大で 50 万本もの電柱が整備されたという．その後も電柱整備は恒常的に進められており，現在は約 3600 万本もの電柱が日本全国に存在する．こうして今の日本では，どこに住んでいてもたいていの地域で電力供給の恩恵を得られるようになっている．ただし，今までの電柱・電線の整備はとにかく日本全体に電気を供給するといった観点を中心に進められてきたため，近年の都市景観整備の観点からは大きな障害となっている場合がある．

　そこで注目されるのが無電柱化事業である．無電柱化とは，地上の電柱・電線を地中に埋めるなどして他の都市機能の邪魔にならないように整備する方法である．無電柱化事業のメリットとしては，先に述べているような景観を向上させる以外にもいくつか存在する．国土交通省［2021］には，景観向上以外にも，安全で快適な歩行空間の確保，災害時の電柱倒壊による周辺器物の破損や緊急車両通行の障害の防止，災害時の情報通信の被害の減少といったメリット

があげられている．このように無電柱化事業のメリットは，地域の景観価値の向上の観点だけでなく，より広く持続可能な地域社会の整備という観点からも期待が持たれている．

　ただし，持続可能を議論するのであれば，無電柱化における課題についてもしっかりと議論する必要がある．無電柱化事業の一番の課題は何といっても費用の問題である．国土交通省［2018］によると，我が国で無電柱化事業を実施する場合，1 km 当たりの費用は約 3.5 億円であり，着工期間は約 7 年間といわれている．すでに広範囲にわたって地上に建設された無数の電柱を無電柱化しようとすると，地域には大きな負担となる．持続可能なまちづくりを進めるのであれば，無電柱化整備が費用に見合うだけのメリット（便益）があるかどうかを検討し，さらにできるだけ財政的に無理のない方法で進める必要がある．

　では無電柱化事業は費用に見合うだけの景観価値（景観便益）があるのだろうか．今回，景観の観点からの無電柱化整備の評価について，千葉県佐倉市で実施した事例研究を紹介しながら検討する．佐倉市には江戸時代からの武家屋敷の景観が存在するものの，武家屋敷通りでの無電柱化事業はまだ進んでいない．そこで武家屋敷通りでの無電柱化による景観改善が，観光客からどの程度評価される可能性があるかを調査して考察する．

　第 1 節では，佐倉市と佐倉市で登録された日本遺産について簡単に紹介する．第 2 節では，実際に佐倉市で実施したアンケート調査と結果について説明する．第 3 節では，アンケートをもととした佐倉市での無電柱化事業の評価の分析結果を示し，考察を行う．そして最後にまとめを行う．

1 　佐倉市と佐倉市の日本遺産

　千葉県佐倉市は，千葉県北部に位置する人口が約 16 万人程度の都市である．東京都心からは約 40 km と比較的近く，成田国際空港（約 15 km）や千葉市（20 km）からも近い．そのため，鉄道を使えば都心まで約 1 時間，成田国際空港や千葉市へは約 20 分で行くことが可能であり，東京都心と千葉県とを結ぶいくつかの主要な幹線道路も通っている．佐倉市の古くからの市街地は東側に存在するが，それ以外の地域に関しては西側を中心として東京都心や千葉市等

へのベッドタウンとしても発達している［佐倉市 2022a］.

　佐倉市の市街地は，江戸時代の頃から形成された城下町の形が元となっている. 先にも述べたように，佐倉市は東京からも近いため，江戸（東京）の東側を守る要として佐倉城が築城された. そして佐倉藩主には，老中の堀田正睦（1810〜1864 年）をはじめとして，幕府の要職を務めるような譜代大名たちが任されていた. こうした歴代藩主たちのもとで佐倉の城下町は発達を遂げ，現在の市街地の形に至っている.

　現在も佐倉市街地には，江戸時代頃からのいくつもの遺構が市内各所に存在する. 代表的なものとしては，佐倉藩最後の藩主である堀田正倫（1851〜1911 年）が立てた旧堀田家住宅，蘭医学者の佐藤泰然（1804〜1872 年）の診療所兼学校である旧佐倉順天堂，武家屋敷（旧河原家，但馬家，武居家の住宅）などがあげられる［佐倉市観光協会 HP より］. このように，佐倉市は東京都心と成田国際空港との間で江戸時代の面影を感じることができる歴史的な観光スポットとなっているのである. 他にも佐倉市には魅力的な観光スポットやコンテンツが多数存在するが，今回は紹介を省く.

　佐倉市に存在する歴史的な遺構は，同じ千葉県内の成田市，香取市，銚子市のものと合わせた「北総四都市江戸紀行・江戸を感じる北総の町並み——佐倉・成田・佐原・銚子：百万都市江戸を支えた江戸近郊の四つの代表的町並み群——」として，2016 年に日本遺産に登録されている［日本遺産ポータルサイトより］. 城下町の佐倉市以外の地域も，成田市は成田山新勝寺の門前町，香取市（佐原）は商家町，銚子市は港町としてそれぞれ発達してきた歴史的な地域であり，佐倉市同様に江戸時代以前からの歴史的な遺構が多数存在している.

　日本遺産は 2015 年より文化庁のもとで始まった制度であり，文化財や伝統文化を通じて地域活性化を図ることが目的である. 日本遺産の一番の特徴は，地域に存在する複数の遺構や文化を 1 つのストーリーでまとめる点である. それまでも文化財は文化財保護法（1950 年施行，2021 年改正）のもとで管理されてきた. ただし，文化財には ① 有形文化財（建造物や美術等），② 無形文化財（芸術等），③ 記念物（史跡や名勝等），④ 民俗文化財（民族習慣等），⑤ 文化的景観，⑥ 伝統的建造物群保存地区の 6 種類があり，それぞれが独立した専門部署のもとでの管理となっている. それに対して日本遺産では，こうしたさまざまな

文化財や地域の遺産を 1 つのストーリーのもとで包括的に保全して活用することが容易になっている.

　佐倉市, 成田市, 香取市, 銚子市の 4 地域に関しては, 海外からの日本の窓口となっている成田国際空港から近いという共通点がある. そのため, 4 地域は「世界から最も近い江戸を感じることができる地域」として, 1 つのストーリーのもとで日本遺産に登録されることとなった.

2 　佐倉市でのアンケート概要と結果

　佐倉市に訪れた観光客を対象に, 佐倉市の武家屋敷について直接対面方式によってアンケートを実施した. 実施日は 2017 年の 10 月 1 日 (日), 7 日 (土), 8 日 (日) の 3 日間とした. 佐倉市は毎年 10 月頃に秋祭りを開催しており, 2017 年の開催日は 10 月 13 日・14 日・15 日の金・土・日曜日となっていた. その際は秋祭り目的の観光客が全国から多く来客することが見込まれている. 今回は歴史的な遺構に関心のある観光客を対象とているため, 秋祭り目的の観光客と重ならない日にちを選択している. アンケート実施場所は, 歴史的遺構に関心のある観光客がより多く集まりそうな場所として, 佐倉城址公園, 武家屋敷周辺, 旧堀田邸周辺, 佐倉市観光協会前の 4 カ所を選択した.

　アンケートの調査票は 152 人から回収することができた. そのうち今回の分析において有効なもののみを抽出したところ, サンプルサイズは 144 となった. 回答者の属性を簡単に説明しておく. 男女比は半分, 年代は 10 代から 70 代以上まで幅広く回収できたが, 特に多いのは 40 代で, 50 代・60 代がそれに続いて多いことが分かった. 居住地はほとんど関東で, 特に千葉県内からの来訪が最も多いことが分かった. 千葉以外だと, 東京からの観光客も多いことが分かった. また, 関東以外でも北は北海道から西は大阪まで各地からの来訪がみられることが分かった.

　図 6-1 は無電柱化事業の認知度, 日本遺産の認知度, そして佐倉市の日本遺産登録の認知度について示したものである. まず, 無電柱化事業に関しては, 8 割以上 (86%) の人々が知っていると回答していることが分かった. 無電柱化事業が人々に比較的認知されていることが分かった.

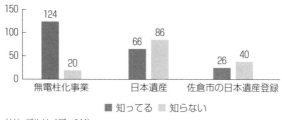

（サンプルサイズ：144）

図6-1　無電柱化事業，日本遺産，佐倉市の日本遺産
　　　　登録認知度

　一方，日本遺産制度について知っている人は半分以下（43%）であることが
分かった．日本遺産制度が実際に開始されたのは2015年だが，アンケート実
施時点（2017年）ではまだそこまで浸透していないことが分かった．さらに日
本遺産を知っていると回答した人の中で，佐倉市の日本遺産登録を知っている
人となると，その数はさらに少ない．

　今回，佐倉市の歴史的な遺構を目的とした観光客を対象にアンケートを実施
したが，佐倉市が日本遺産に登録されていることを知っている人は少ないこと
が分かった．今後，佐倉市が地域活性化のために歴史的な観光資源をより活用
していくのであれば，日本遺産登録に関するプロモーションも検討していく必
要があるだろう．地域にとって新たな観光客獲得のためには，認知度の向上が
重要である．そのためにも，日本遺産のストーリーのような分かりやすいイ
メージの利用も重要だろう．

③　佐倉市武家屋敷における無電柱化の評価

　佐倉市の歴史的景観の価値をさらに高めるため，武家屋敷通りの無電柱化整
備の価値を分析した．分析には仮想評価法（Contingent Valuation Method：CVM）
を用いた［Hanemann et al. 1984；栗山ほか 2000 等］．CVM は回答者に仮想的な状
況（たとえば，ある政策によって環境がよくなるという状況）を想像してもらった上で，
それに対する評価額（たとえば，回答者だったらいくらそれに支払えるか）を直接訪
ねるような方法である．良好な環境を評価する際等に用いる経済学的な分析手

法として，広く知られている．

　今回の CVM では，「武家屋敷通りの無電柱化事業の費用を調達するため，歴史的遺構を巡るツアーを開催するが，そのツアーにお金を支払って参加するかどうか」といった仮想的なシナリオを用いてアンケートを実施した．シナリオ内では，料金の半分が無電柱化事業に充てられるという説明がされている．

　CVM 内の仮想のツアー参加費は 500 円，1000 円，1500 円の 3 種類を用意し，回答者にはその中からランダムに 1 種類を割り当てて，その金額の支払いに賛成か反対かを二択で質問に答えてもらった．佐倉市の代表的な歴史的建造物である武家屋敷，旧堀田邸，旧佐倉順天堂の入場料金は，それぞれ一般料金で 250 円，350 円，100 円となっており，三館共通入場券が一般料金で 600 円となっている．仮想ツアーの価格設定は三館共通入場券の価格を基準としてその前後の額としている．

　また，今回は回答者に 2 回支払いの質問をする二段階二項選択法を用いていた［Hanemann et al. 1991］．一段階目に反対した人には二段階目でより低い額を提示し，逆に一段階目に賛成した人には二段階目でより高い額を提示して回答してもらう方法である．1 人に対して 2 回質問することで，回答者の情報を効率的に利用した分析が可能となる．今回，一段階目（500 円，1000 円，1500 円）に反対した人に対してはそれぞれ二段階目に 300 円，700 円，1500 円を提示し，賛成した人に対してはそれぞれ二段階目に 700 円，1500 円，2000 円を提示するようにした．

　人々から得られた二段階の回答結果をもとに，無電柱化事業のためのツアーに人々がいくらぐらいお金を払ってくれるかという支払意思額（willingness to pay：WTP）を推計した．今回，ノンパラメトリックな推計手法を用いた［栗山 2011］．ノンパラメトリックな推計手法は，アンケートで得られた情報から，人々が提示金額に賛成するもっともらしい確率を導きだし，そこからさらに人々の平均的な WTP を導き出す手法である．ここではモデルの詳細を省略するが，気になる人は栗山［2011］等を参照されたい．

　表 6-1 は WTP の推計結果である．まず，ツアーに対する人々の平均的な WTP は 962 円となった．CVM のシナリオ設定では，支払額の半分が無電柱化整備に充てられるということであったので，無電柱化事業に対する WTP を

計算すると約481円ということになる．この額が観光客1人当たりの無電柱化による景観改善の価値である．

表6-1　ツアーと無電柱化事業に対するWTP（サンプルサイズ：144）

	ツアーに対して	無電柱化事業に対して
WTP	962円	481円

（注）推計値はノンパラメトリックな手法を用いた中位平均値である．

さらにここから，観光客全体にとっての無電柱化事業の評価を算出する．景観価値は景観の恩恵を得ている観光客全員にとっての価値である．つまり1人当たりWTPに佐倉市武家屋敷に来訪する観光客数をかけることによって，観光客全体での無電柱化事業の評価を算出することができる．

佐倉市武家屋敷への観光客数には，佐倉市［2022b］の「佐倉市統計書」にある「公共施設等利用状況（武家屋敷）」のデータを利用する．2002年から2019年までの18年分のデータ（新型コロナウイルス問題が発生する以前）から，観光客は年間平均で約2万442人であることが分かった．この数字を先に推計した1人当たり平均WTPに掛け合わせると，約983万2442円となる．佐倉市武家屋敷における無電柱化の景観の価値（便益）は，年間で1000万円近くであることが分かった．

最後に考察を行う．重要なのは費用をかけて整備するだけの価値があるかどうかの議論である．国土交通省［2018］の値を用いると，武家屋敷通り300m程度を無電柱化整備する場合，全体では1億円以上かかることになる．この費用は先ほど算出した景観の価値（1000万円程度）と比較して，大きく上回っていることが分かる．

ただし，毎年観光客が訪れていることを考えると，観光客全体にとっての価値は1年分の観光客の価値に複数年分を掛け合わせた額となる．つまり，より長期間で考慮すれば，無電柱化による景観改善は費用を上回る価値となることが分かる．その上，無電柱化整備による景観価値の向上は，さらなる観光客増加につながるかもしれない．また，無電柱化には今回の計算に入れていない景観以外のメリットもあった．これら要因を考慮して長期的に考えると，武家屋敷通りの無電柱化整備は十分価値のある事業だと考えることができる．

お わ り に

　本章では，持続可能なまちづくりに向けて，景観を考慮した観光政策について注目した．特に，歴史的な景観価値を向上させる方法として，無電柱化事業に注目した．観光地における無電柱化整備の価値を議論するため，千葉県佐倉市の武家屋敷通りを題材とした研究事例を紹介した．佐倉市での調査結果から，武家屋敷通りにおける無電柱化事業が観光客から評価されることが示され，無電柱化事業の重要性についても示された．

　無電柱化事業が進みづらい背景として，地域にとっては費用の問題が大きい．地域は限られた予算（住民の税金等）で，無電柱化事業以外にもさまざまな重要施策を行わなければならないからだ．無電柱化事業を促進するためには，無電柱化事業のための資金調達方法を検討していくことも重要である．

　今回紹介した調査結果には，実は無電柱化事業の資金調達の大きなヒントが隠れている．それは地域外からの観光客の存在である．無電柱化による景観価値が地域外の観光客からも評価されるのであれば，そうした観光客の力を借りることも大いに期待できる．たとえば，今回紹介したCVMシナリオのような新たな観光ツアープログラムや観光商品を考案し，その売上の一部を無電柱化事業に充てるという方法が考えられるだろう．あるいは観光客からクラウドファンディングを募ったり，もっとシンプルに寄付金を直接募ったりする方法も考えられる．

　持続可能な形による観光まちづくりのためには，まずはより多くの人々に認知してもらう努力によって，地域を評価してくれる観光客を増やすことが第一である．その上で，多くの観光客によりよい観光政策のために協力してもらえる工夫や仕組みを検討していくことが重要だろう．こうして勧められる景観整備といった観光政策は，地域に持続可能な発展をもたらすだけでなく，地域外の観光客にもより充実した観光サービスをもたらすこととなる．

謝辞
　今回紹介する佐倉市の研究事例は，2017年に早稲田大学政治経済学部の有村俊秀教授

と当時のゼミ生たちである井手翼氏，川島武士氏，小林大造氏，千田さくら氏，若島元暉氏たちと実施した調査がもとになっているものである．有村俊秀教授をはじめとする当時のゼミ生たちにはこの場を借りて敬意と感謝の意を表したい．

参考文献

〈邦文献〉

栗山浩一 ［2011］「Excel でできる CVM　第 3.1 版」，環境経済学ワーキングペーパー #0703，早稲田大学政治経済学部，(http://kkuri.eco.coocan.jp/research/workingpaper/WP1101CVM32.pdf，2022 年 8 月 22 日閲覧日)．

栗山浩一・北畠能房・大島康行編著 ［2000］『世界遺産の経済学──屋久島の環境価値とその評価──』勁草書房．

国土交通省 ［2021］「無電柱化推進計画について」(https://www.mlit.go.jp/road/road/traffic/chicyuka/pdf/21-05.pdf，2022 年 12 月 1 日閲覧)．

佐倉市 ［2022a］「第 5 次佐倉市総合計画（基本構想・前期基本計画・実施計画)」(https://www.city.sakura.lg.jp/material/files/group/3/01_5jisoukei_all.pdf，2022 年 8 月 22 日閲覧日)．

佐倉市 ［2022b］「佐倉市統計書」(https://www.city.sakura.lg.jp/soshiki/joho_system/tokei/12939.html，2022 年 8 月 22 日閲覧日)．

佐倉市観光協会 HP (https://www.sakurashi-kankou.or.jp/．2022 年 8 月 22 日閲覧日)．

資源エネルギー庁 ［2021］「電力レジリエンス強化の観点からの無電柱化の推進について」(https://www.meti.go.jp/shingikai/enecho/denryoku_gas/denryoku_gas/pdf/035_04_00.pdf，2022 年 8 月 22 日閲覧日)．

日本遺産ポータルサイト (https://japan-heritage.bunka.go.jp/ja/index.html，2022 年 8 月 22 日閲覧日)．

〈欧文献〉

Hanemann, W. M. ［1984］ "Welfare Evaluations in Contingent Valuation Experiments with Discrete Response," *American Journal of Agricultural Economics*, 66(3), pp. 332-341

Hanemann, M., Loomis, J. and Kanninen, B. ［1991］ "Statistical Efficiency of Double-Bounded Dichotomous Choice Contingent Valuation," *American Journal of Agricultural Economics*, 73(4), pp. 1255-1263.

（功刀祐之）

第7章　ESG 開示スコアとカスタマー・サプライヤーの関係
——学生の研究成果の紹介——

は じ め に

　本章では，近年注目を集めている ESG 投資について，学生の卒業研究を参考に紹介する．ESG 投資とは一般的な財務情報に加え，環境（Environment）・社会（Social）・ガバナンス（Governance）の要素も考慮した投資のことである．2006 年，国際連合が機関投資家に対して「責任投資原則（PRI）」（投資判断に ESG の視点を組み入れ，ESG 課題の解決のための取組みや情報開示を受託者責任の範囲内での反映を目指した世界共通のガイドライン）を提唱したことがきっかけとなり，欧州を中心に広まったと言われている．同様の投資基準は，旧来の社会的責任投資（SRI）と類似するものではあるが，昨今の SDGs への関心の高まりとともに，「ESG 投資」という言葉に注目が集まっている．

　日本国内での取組みは欧米諸国に比較して後進的であった．しかし，2015 年に GPIF（年金積立金運用独立行政法人）が PRI に署名したことで，多くの機関投資家が追随し，国内企業の取組みも活発になってきた．現在，世界の 5000 以上の機関投資家が賛同しており，ESG をテーマとした金融商品は増加の一途である．今後はさらに社会に定着していくものと思われる．

　本章では社会の持続可能性を高めることを目的とした ESG 投資について，京都経済短期大学の学生たちの研究成果をもとに紹介する．企業の環境問題への取組みで顕著なように，ESG に関連した活動は企業の費用負担を強いることとなる．そのため，ESG に関する活動が本当に企業の利益に繋がり，投資家に利益をもたらすのかといった問題が常に付きまとっている．そこで，「ESG に関する活動が企業の成長に貢献しているのか」といった問題に対し，

三浦香奈さん，土方彩音さん，的場智佳さんの 3 名がデータをもとに検証することとなった．

　また，彼女たちはカスタマー・サプライヤーのクロスモメンタムの関係性にも着目し，[1] ESG に積極的な企業の株価は上昇しているか，[2] 販売先企業の ESG 開示スコアは仕入先企業に対する影響力を持っているか，という 2 つの検証も行っている．

　次節から紹介する彼女たちの研究成果は Bloomberg Investment Contest への参加を通して得られたものでもある．Bloomberg 社は毎年春から夏にかけて，ESG 投資をテーマとした学生投資レポートコンテストを実施している．参加学生は Bloomberg 社の情報端末を活用しながら，ESG 関連銘柄を選定してポートフォリオを作成し，1 億円を元手とした仮想的な投資を実施する．この大会は 2017 年より開催されており，高等教育機関での金融投資教育に貢献している大会である．また，この彼女たちの参加が短期大学からの初めての参加であったと伺っている．指導力が至らず，入賞には及ばなかったものの，教員としても多くの学びのある機会であった．このような貴重な学習機会を提供して頂いた Bloomberg 社に感謝する．そして，彼女たちの努力を称えたい．

$\boxed{1}$　検　　証

ESG に積極的な企業の株価は上昇しているか

　まず，ESG 投資はリターンを生むのかどうかを過去の株価収益率から検証する．TOPIX-CORE30 採用銘柄を対象企業とし，5 年前の ESG 開示スコアをもとに順位付けし，上位 10 社を High，中位 10 社を Middle，下位 10 社を Low とする 3 グループを作成する．そして，その各グループの平均株価リターンを調査した．

　表 7 - 1 は TOPIX-CORE30 採用銘柄の ESG 開示スコアを上位 10 社（High），中位 10 社（Middle），下位 10 社（Low）グループに分け，集計した結果である．その結果，ESG 開示スコア上位の High グループの株価リターンは 42.2％，中位の Middle グループの株価リターンは−5.4％，下位の Low グループの株価リターンは−3.9％になった．ESG 開示スコアの High グループは株価リター

ンが大きいことが明らかとなった．つまり，
ESG に積極的な企業の株価は上昇してい
る結果となった．

販売先企業の ESG 開示スコアは影響力を持っているか

株式市場にはカスタマー・サプライヤー

表 7-1　TOPIX-CORE30 採用
銘柄 ESG 開示スコア
グループ別集計結果

ESG 開示スコア	株価リターン
High	42.2%
Middle	-5.4%
Low	-3.9%

による株価の先行遅行関係（または株価のクロスモメンタム）が噂されている．こ
れはある商品の販売が好調な場合，その商品の開発企業だけでなく，その部品
の仕入先企業の業績も改善するといった特徴から，仕入先企業の株価が遅れて
反応するという関係性である．効率的市場仮説が成立するのであれば，ある商
品の販売が好調だと予想された時点で，仕入先企業の株価も上昇することが予
想できる．しかし，実際は商品販売企業の株価と仕入先企業の株価の関係には
先行遅行関係があり，仕入先企業の株価が遅れて上昇する．このことから，販
売企業の好業績を予想した時点で仕入先企業の株式を購入することで，投資利
益が期待できるという仕組みである．もちろん，必ずしも当てはまるような関
係ではないため，データ分析によって厳密に成否を検証する必要がある［磯貝・
川口・小林 2019］．

　この株価におけるカスタマー・サプライヤーのクロスモメンタムの関係性は
ESG への取組みでも考えられる．たとえば，環境への意識の強い企業が商品
製造の仕入先にも同様の環境活動を求めることで，仕入先企業も遅れて環境活
動を積極的に行うようになるという関係性である．つまり，ESG 開示スコア
の高い企業と取引関係にある企業は，取引企業に導かれて，ESG に関する活
動に積極的になってくるという関係性である．そのため，販売先企業の ESG
開示スコアが高ければ高いほど，ESG に対する意識が強く，仕入先企業の
ESG 開示スコアの上昇に導くことが予想できる．

　この関係性は銘柄選択を考える上で非常に重要である．もしも，ESG に積
極的な企業ほど株価が上昇する傾向があったとしよう．すると，その仕入先企
業はのちのち ESG 開示スコアが改善する企業であり，延いては株価の上昇が
期待できる企業ということになる．反対に，ESG への取り組みが株価に負の

表7-2　販売先企業グループ別仕入先企業の集計結果

販売先 ESG	仕入先 企業数	ESG 開示スコア		ESG スコア 増減率	株価 リターン
		2014	2019		
High	50	77.52	84.30	22.13%	85.17%
Middle	60	89.17	88.10	40.81%	148.04%
Low	56	69.16	74.00	22.66%	220.29%
全体	166	78.91	82.20	29.06%	154.45%

影響があるとするならば，仕入先企業はESG開示スコアが改善するものの，株価への負の効果を予見することができる．よって，カスタマー・サプライヤーのクロスモメンタムの関係がESGに関する活動にも存在しているかどうかは，よりよい投資戦略を検討する上で重要である．

　そこで，ESG開示スコアの高い企業は，その取引先企業のESG開示スコアも高いのか？　また，上昇させているのか？　すなわち，販売先企業のESG開示スコアは仕入先企業に対する影響力を持っているのかどうかを検証する．検証では，グループごとに仕入先企業の直近までのESG開示スコアの増減の平均値と株価上昇率の平均値を計算し，比較した．なお，ESG開示スコアが欠損値となっている仕入先企業が多く，検証に利用した仕入先企業は全部で166社であった．

　表7-2は**表7-1**でグループ分けした販売先企業（TOPIX-CORE30採用企業）のサプライチェーンデータから仕入先企業を抽出し，集計した結果である．Middleグループの仕入先企業の平均ESG開示スコアは89.17であった．これは他のグループよりも高い．また，2014年スコアと2019年スコアを比較すると，Middleグループの平均スコアはわずかに減少しているものの，増減率の平均値は40.8%で3グループの中で最も高い値となった．2014年のESG開示スコア，ESG開示スコア上昇率ともにMiddleグループの仕入先企業が最も高い結果となった．よって，販売先ESG開示スコアが高いほど，仕入先企業のESG開示スコアを増加させる傾向があるとは言えなかった．

リターンの見込める条件

　Bloomberg Investment Contestではリターンの期待できるポートフォリオ

の作成が目的の 1 つである．そこで，前項の検証をさらに細分化し，リターンの見込める条件を調査した．

　前項では，安易に販売先企業を ESG 開示スコアの大小で 3 つに分け，Bloomberg の情報端末に ESG 開示スコアの含まれているすべての仕入先企業を採用した．また，販売先企業への売上依存度が高い仕入先企業ほど販売先企業の意向に合わせようとしたり，依存度の低い仕入先企業は販売先企業の意向を軽視したりするかもしれない．そこで，販売先企業からの売上高比率の高い企業と低い企業に分類し，同様の分析を行った．

　表 7-3 は**表 7-2** における各グループの仕入先企業をさらに細分化して集計したものである．ESG 開示スコアの仕入先の 1 〜 3 の数値は仕入先企業をそれぞれ上位から 50 社ずつ 1 〜 3 グループまで分けて集計した結果である（グループ 4 は 166 位の 1 社のみ）．仕入先企業の売上高に占める販売先企業の 2014 年度の売上高比率の中央値を基準とし，売上高比率が高いグループと低いグループに分け，ESG 開示スコア増減率と株価上昇率を調査する．

　その結果，① High グループでは売上高比率に関わらず仕入先企業の ESG

表 7-3　リターンの見込める条件の検証結果

販売先 ESG	仕入先 ESG	ESG スコア増減率		株価上昇率	
		高売上高比率	低売上高比率	高売上高比率	低売上高比率
High	1	-5.30%	-0.60%	272.38%	216.58%
	2	11.61%	6.85%	35.05%	15.02%
	3	49.51%	60.59%	-10.44%	24.13%
グループ平均		23.88%	20.52%	70.38%	98.19%
Middle	1	4.16%	5.61%	201.95%	165.32%
	2	3.83%	16.93%	287.32%	66.53%
	3	66.20%	95.05%	142.82%	47.08%
	4	94.72%		50.90%	
グループ平均		41.39%	40.06%	192.49%	91.14%
Low	1	0.55%	8.39%	33.54%	412.63%
	2	9.13%	30.47%	154.49%	-2.55%
	3	34.86%	58.42%	348.90%	103.44%
グループ平均		16.71%	27.81%	196.70%	241.44%

開示スコアが一番高いグループの株価上昇率が高いこと，② Middle グループでは仕入先企業の ESG 開示スコアに関わらず，売上高比率の高いグループの株価上昇率が高いこと，③ Low グループでは売上高比率が高く，仕入先企業の ESG 開示スコアが低いグループ，または，売上高比率が低く，仕入先の ESG 開示スコアが高いグループの株価上昇率が高いこと，がわかった．

2 ポートフォリオ作成

銘柄選択

　前節の分析をもとに，将来の株価リターンが期待できる条件に該当した銘柄に投資する．ポートフォリオ作成には，2019 年度スコアをもとにしたグループ分けと仕入れ先データを利用し，条件に当てはまる銘柄を，High・Middle・Low から 10 社ずつ選択した．

　具体的には，次のとおりである．

　・High グループ
ESG 開示スコアが高い仕入先企業　10 社（重複含む）
トヨタ紡織，アイシン精機，コムシスホールディングス，日清食品ホールディングス，タムロン，ダイセル，ダイセル，ナブテスコ，富士通，ダイセル

　・Middle グループ
売上高比率が高い仕入先企業　10 社
ケーヒン，プリマハム，三井化学，古河電気工業，東洋製罐グループホールディングス，テイ・エス・テック，あすか製薬，八千代工業，エフテック，武蔵精密工業

　・Low グループ
売上高比率が高く ESG 開示スコアが低い仕入先企業　5 社（重複含む）
三菱重工業，ジェイエフイーホールディングス，ジェイエフイーホールディングス，AGC，富士通

・Low から　売上高比率が低く ESG 開示スコアが高い銘柄　5社（重複含む）
メガチップス，三菱総合研究所，クイック，日鉄ソリューションズ，日鉄
ソリューションズ

投 資 比 率

前項で抽出された各銘柄に対して投資比率を決定していく．投資比率は選定
した重複を含む 30 社の過去の株価から，リスクパリティ戦略を用いてポート
フォリオを決定した．リスクパリティ戦略は投資対象の各企業にリスク寄与度
が一定となるように投資比率を決定する手法である．ポートフォリオ作成で各
資産の割合を固定配分にした場合，市場価格に大きな変動があると，資産が大
きく減少するリスクがある．そこで本戦略を用いて各資産のリスクを均等にす
ると，同一要因による値動きの連動を避けることができ，ポートフォリオのリ
スク低減に繋がる．また，リスクパリティ効果は，長期的に保有することで高
いパフォーマンスが期待できるため，投資家の長期的な保有も導くと考えた．
ここで，リスク寄与度とは，ある会社の保有比率を 1 単位増加させたときに
ファンド全体のリスクがどれだけ増加するかを示したものである．

リスクパリティ戦略による投資比率の決定には Excel のソルバー機能を利用
し，算出した．結果は，**表 7-4** の通りである．なお，同一企業が複数回含ま
れる場合には，その分投資比率を高めて投資することとしている．

お わ り に

本章では，社会の持続可能性を高めることを目的とした ESG 投資を紹介し，
投資家に利益に繋がっているかどうかについて，京都経済短期大学の 3 人の学
生による研究成果を紹介した．その結果，① ESG に積極的な企業ほど株式リ
ターンが高いこと，②販売先 ESG 開示スコアが高いほど，仕入先企業の ESG
開示スコアを増加させる傾向があるとは言えなかった．

また，ポートフォリオ作成に望ましい銘柄を選択するために，販売先企業へ
の売上依存度で比較した場合，① High グループでは売上高比率に関わらず仕
入先企業の ESG 開示スコアが一番高いグループの株価上昇率が高いこと，②

表7-4　作成ポートフォリオ

販売先 開示スコア	仕入先 開示スコア	販売先への 売上依存度	証券 コード	2020/6/30 の終値	購入株数 （整数化）	購入金額	構成比	リスク 寄与度
High	1	高	3116	1447	2407	3,482,929	3.48%	0.358%
			7259	3140	985	3,092,900	3.09%	0.357%
			1721	3185	1672	5,325,320	5.33%	0.357%
			2897	9550	889	8,489,950	8.49%	0.357%
			7740	1859	1974	3,669,666	3.67%	0.357%
	1	低	4202	833	4223	3,517,759	3.52%	0.358%
			4202	833	4223	3,517,759	3.52%	0.358%
			6268	3320	969	3,217,080	3.22%	0.357%
			6702	12620	40	504,800	0.51%	0.355%
			4202	833	4223	3,517,759	3.52%	0.358%
Middle	1	高	7251	2524	1454	3,669,896	3.67%	0.358%
			2281	2884	374	1,078,616	1.08%	0.356%
			4183	2247	465	1,044,855	1.05%	0.357%
			5801	2609	304	793,136	0.79%	0.356%
			5901	1216	3570	4,341,120	4.34%	0.358%
	2	高	7313	2957	1411	4,172,327	4.17%	0.358%
			4514	1212	6585	7,981,020	7.98%	0.358%
			7298	499	6382	3,184,618	3.19%	0.358%
			7212	499	5932	2,960,068	2.96%	0.358%
			7220	960	4413	4,236,480	4.24%	0.358%
Low	1	低	7011	2543	218	554,374	0.55%	0.357%
			5411	772	3613	2,789,236	2.79%	0.358%
			5411	772	3613	2,789,236	2.79%	0.358%
			5201	3065	485	1,486,525	1.49%	0.358%
			6702	12620	40	504,800	0.51%	0.355%
	3	高	6875	2086	1597	3,331,342	3.33%	0.358%
			3636	4305	1390	5,983,950	5.99%	0.357%
			4318	1152	2644	3,045,888	3.05%	0.358%
			2327	2945	1304	3,840,280	3.84%	0.358%
			2327	2945	1304	3,840,280	3.84%	0.358%
		購入金額合計				99,963,969		
		現金保有				36,031		
		合計				100,000,000		

Middle グループでは仕入先企業の ESG 開示スコアに関わらず，売上高比率の高いグループの株価上昇率が高いこと，③ Low グループでは売上高比率が高く，仕入先企業の ESG 開示スコアが低いグループ，または，売上高比率が低く，仕入先の ESG 開示スコアが高いグループの株価上昇率が高いこと，がわ

かった.

　これらの結果から，学生はポートフォリオを作成した．実際の研究では，ポートフォリオ作成後，当該ポートフォリオの収益率と市場収益率（TOPIX, 日経平均株価のリターン）を比較したり，収益率の変動をもとにリスク評価したりするなど，いわゆる外挿チェックやシナリオ分析と呼ばれる分析も行ってもらった．ここでの紹介は，紙幅の都合もあるため，割愛する．

　最後に，教員としての反省も込めて，この研究の限界（不完全な点）に触れておく．第 1 に，販売先企業の銘柄を当初から TOPIX-CORE30 採用銘柄 30 社に限定しており，市場における一般的な結果と解釈するには不十分な点である．これは必要な指標を 1 社ずつほぼ手作業に近い操作でしか集計できなかったため，その後の仕入先企業の総数を想定すると，販売先企業を限定する必要があったためである．この点は Bloomberg の「ポートフォリオ作成機能」や EXCEL アドインツールを活用すれば，より広範な企業を対象としても手軽に分析できたと思われる．しかしながら，Bloomberg をインストールした学生所有の PC では EXCEL アドイン機能を利用することができなかったため，銘柄を限定せざるを得なかった．

　第 2 に，学生の統計学の理解に限界があり，推測統計学に類する分析には挑戦させなかったことである．説得力のある結果を出すためには，集計作業だけで計算可能な今回の分析方法だけでなく，検定統計量による仮説検定を実施する必要があった．さらに，より適切な検定を実施するためには，適切な処置群と対照群となる企業を選択し，比較することが望ましかっただろう．データ収集の限界もあったため，簡略な分析で「一応の結果」を出し，分析を完遂することを目指した指導となってしまった．

　第 3 に，内生性の問題を無視し，「相関関係」と「因果関係」の誤解を与えてしまうような論文になってしまったことである．たとえば，「ESG 開示スコアが高い企業ほど株価リターンが高かった」としても，それでもって「ESG 開示スコアが高くすると，株価が上昇する」ということは言えない．好業績が見込めている企業や成長に余力のある企業ほど，資金的余裕を活用して，ESG 活動に取り組んでいる場合，おのずと「ESG 開示スコアが高くすると，株価が上昇する」．しかしながら，その余力のない企業が ESG 活動に取り組んだと

しても，果たして好業績や企業の成長に繋がるのだろうか？　はっきりとした答えは出せないだろう．

　このように，本研究の成果は到底完全なものではない．しかしながら，「ESG に関する活動が企業の成長に貢献しているのか」という問いに対して，学生の持ちうる力を存分に発揮して，答えを出してくれた研究だと評価している．また，今回このような形で学生の研究を振り返ることで，私自身の至らなさをより理解することができた気がする．今後の指導に活かしていきたい．

参考文献

磯貝明文・川口宗紀・小林寛司［2019］「サプライヤー・カスタマーのつながりに基づく株価予測可能性」『現代ファイナンス』40, pp. 25-48.

三浦香奈・土方彩音・的場智佳［2021］「ESG 開示スコアとカスタマー・サプライヤーの関係」『京都経済短期大学学生論集』28, pp. 106-114.

（高 阪 勇 毅）

第8章 持続可能な資源循環を目指して

は じ め に

　菅前首相が2020年10月の所信表明演説において，2050年までに「ネット
ゼロ」を宣言した．日本もカーボンニュートラル社会実現に向けて，今後30
年弱の間に排出する温暖化ガスをゼロにしていく方向に舵が切られた．これに
伴い，資源循環の分野においても，これまでの方法や技術，制度の見直しが必
要になってくる．本章では，持続可能な資源循環をテーマに背景と現状，そし
てこれから必要なことについて論じていく．

1 日本の資源循環の歴史

　日本の資源循環の歴史は，1970年代の高度経済成長期前と後とで質的に大
きく異なる．第2次世界大戦前までは，物の価値が労働と比較して相対的に高
かったため，本当に使えなくなったものしかごみとして排出されていなかった．
たとえば，よく江戸時代は，「資源が循環されていたのだから見習うべきだ」
といった主張がみられる．実際，紙や布などの価値が高く，何度も再利用され
ていたし，傘やお鍋なども修理されて長く使われてきた．ごみとして捨てられ
ていたものは，魚の骨や貝殻，割れてしまったお茶碗，がれきといったもので
ある．先述の通り，物の価値が労働と比較して高いので，紙や布を回収する仕
事が存在していたし，さまざまな物品を修理する仕事もたくさん存在した．つ
まり，たとえ使用済みになったとしても，それらを修理したり，もう一度紙を
すいたりするという「有価で取引される市場」として経済がまわっていたので

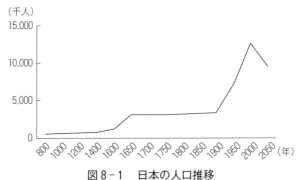

図8-1　日本の人口推移

（出所）総務省データより筆者作成.

ある．とはいえ，江戸時代は明治維新前の武家制度の日本社会において，もっとも安定した時期だったことから人口が増加し（図8-1），消費量も増加した．その結果，ごみも当然増加する．ごみは，目の前の川や海に捨てられていたのである．それでは住環境が不衛生になるので，捨てられたごみを集め，海に集めるといった仕事も存在していた．さらに，人口増による土地造成の必要性もあり，東京湾の埋め立てとしても利用された．時期は1655年（明暦元年）にまでさかのぼるとしている（東京都）．江戸時代後半はすでにごみの埋め立てをしていたとはいえ，捨てられていた中身は基本的に無機物（陶器等）か有機物（生ごみ）なので，ハエの発生や悪臭など衛生的な課題が深刻であった．さらに，江戸時代後期の開港による諸外国との貿易がスタートしたことから，伝染病（コレラやペスト）も蔓延していた．そのため，明治時代の法律は，「汚物掃除法（1900年）」といい，公衆衛生対策として制度が整備された．その後，昭和に至るまで，日本のごみ処理対策の基本原則は，公衆衛生対策であったため，全国各地で焼却したり，山や谷に埋め立てたりといった対策がとられてきたのである．

　日本が現代でいう「廃棄物問題」に直面した時期は，ライフスタイルが大きく変化した高度経済成長期である．世界的にも戦争が終わり，経済成長に向かって安定していく時期である．この時期に新たな容器包装の展開があり，飲料缶やプラスチック製の容器が登場していった．たとえば，これまでは飲料容器といえば，リターナブル瓶が主流であったが，1954年に初めてスチール缶入りのオレンジジュースが登場．その後1958年には缶ビール，1965年には缶

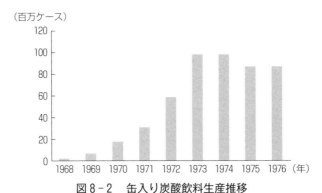

図 8 - 2　缶入り炭酸飲料生産推移

(出所) 食品出版社［1977］より筆者作成.

入りのコーラ, そして 1969 年に缶入りのコーヒーが発売され, 瞬く間に需要が拡大した (**図 8 - 2**).

　缶飲料が支持された背景は, 衛生面の良さや物流面での取り扱い安さ, 大量生産が可能な上, 飲む場所を選ばずどこでも消費できる手軽さもある. しかも, これまで飲料といえば, オレンジジュースなど, 数えるほどしかなかった味の種類が, 炭酸飲料の登場によってさまざまな味の種類の飲料を消費できるようになり, 消費者の選択の幅も大きく広がった. このインフラを支えたものが自動販売機である. 日本は世界で最も自動販売機が設置されている国であるが, 1970 年代 50 万台未満だった自動販売機台数は, わずか 10 年でおよそ 250 万台にまで急増したのである.

　その結果, 2 つの大きな社会問題を顕在化させた. 1 つは, 最終処分場のひっ迫である. 当時は缶のリサイクル技術がなく, 消費された後の缶はそのまま埋め立てられていた. 大変かさばることから, 処分場の容積をあっという間に埋めてしまう. 当時であっても, 日本の国土面積は狭い上, 人口増もあり, 可住地面積を増やさなければならないというレベルにおいて, 最終処分場を簡単に確保できるような土地はない. もう 1 つは, 空き缶の散乱である. 道路わきや観光地で消費され, 行き場を失った缶はあちこちに捨てられたのである. 当時は, 観光地や自動販売機横にごみ箱はなく, 消費者は飲んだ後は持ち帰るしか手段はなかった. 当然持ち帰る人はまれで, そのあたりに捨てられた缶が

あると，同様に捨てていく人が後を絶たなかった．こういった背景から，「空き缶はごみ公害の代表的なもの」（1976 年 5 月毎日ニュース）として社会的に悪者となっていった．

　飲料缶が社会的悪になって困るのは，消費者にとってみると，飲料缶から得ていた効用を失うことになるが，最も影響が大きいのは事業で利益を出す必要がある企業側である．缶飲料を販売して大きな売り上げを達成したことはよいものの，飲料缶が社会的悪になることで，法律等で規制され，販売禁止になることは避けたい．そういった背景から事態を重く見た飲料関係の企業は，空き缶の散乱をどのように防ぐことができるかに真剣に取り組み，散乱対策と平行して回収された缶をどのようにリサイクルするかの 2 点の対策が始まったのである．まずは，観光地の散乱対策として，捨てられやすい場所を分析し，それらの場所にごみ箱を設置することで大きな改善が得られた．次に道路上の中央分離帯や道端などに捨てられている空き缶の回収である．当初は，大型磁石を使った回収実験が行われたり，空き缶プレスを搭載したトラックで回ったりといった物理的な回収対策が試されてきた．こういった知見の収集やさまざまな実験の成果を踏まえて，自動販売機を管理する会社や缶飲料を販売する事業者らが自動販売機横に回収ボックスを設置することを業界として自主的にルールを設け，散乱対策を行ってきた．そして，消費者への普及啓発活動も大量に行われた．テレビでの CM や交通広告，作文コンクールの開催といった形で，「飲んだ後の缶は，ごみ箱（回収ボックス）へ」といったメッセージが届けられたのである．もう 1 点の対策が，回収した空き缶のリサイクルである．当時は空き缶の資源化利用が未発達であり，さまざまなリサイクル技術が実験されてきた．たとえば，空き缶を溶かしてみる実験や，銅を取り出す技術を応用した「バクテリア・リーチング法」などが試されてきた．そのようなさまざまな試行錯誤の結果，空き缶をリサイクルしやすい飲料缶の開発が進み，飲料缶業界で製罐の規格が統一されたことで，缶のリサイクルの輪が整ったのである．

　屋外での飲料缶の回収と並行して，家庭から排出される飲料缶についても，分別排出し，金属缶をリサイクルループに乗せていこうという取り組みが自治体においても始まった．それまでは，一部地域の実験的な取組を除いては，全国的に分別排出はされておらず，「ごみ」としてまとめて回収，処理されてき

た．先述した通り，多くの自治体で最終処分場がひっ迫し，埋め立てるごみを
なんとか減らす必要があった．自治体は，法律上自治区内で発生した廃棄物処
理に責任があるので，ごみの散乱や最終処分場の持続的な運営は，必ず解決し
なければならない課題である．さらに，それらはすべて税金で賄われるわけで
ある．限られた財政状況の中でどのように解決していくかが全国の自治体が持
つ共通の課題であった．一度収集したごみの中から，金属缶を取り出して，分
別していた自治体もあったが，人口増，経済成長による大きな消費増の波は，
そのような収集後に分別するというやり方ではとてもではないが作業が追いつ
かなかった．結果，最も早く最終処分場のひっ迫に直面した沼津市は，ごみの
「非常事態宣言」を発令し，市民がごみを分別して排出をするようなルールに
変更した．分別排出の導入当初は，市民の理解が得られず大変な苦労があった
が，沼津市の取組を皮切りに，全国の自治体で住民による分別排出のルールが
浸透していったのである．

2 現在の日本の資源循環の状況

　第 1 節でみてきたように，日本で全国的に分別排出が進んだ背景は，飲料缶
の散乱と最終処分場ひっ迫による 2 点の社会課題があった．次に課題としてで
てきたものがプラスチックである．プラスチックが容器包装として社会で広く
流通するようになったのは 1970 年代からである．プラスチックは，安定した素
材で，安く，安全に，大量に作ることができ，多層化することで，容器としての
機能を必要な要素に応じてカスタマイズすることができる．そういった素材特性
から，大量生産に適していたのである．まさに大量消費社会を可能にしたキー
素材であった．プラスチックは，製品を安全に安く消費者に届けることを可能
にするが，一方で使用済みになったプラスチックのリサイクルは，多くのもの
でやりにくい．そのため，当初は，そのまま埋め立てるか，焼却処分がされて
きた．しかし，いくらプラスチックのかさが，金属缶よりも小さいとはいえ，
あらゆる製品に使用されてきたことによる大量消費，大量廃棄されると，最終
処分量に影響する．またプラスチックは燃焼温度が低いとダイオキシン等を発
生させることもあり，高温に耐えうるハイスペックな，つまり高額な焼却施設

が必要である．ましてや，石油資源を持たない日本は，プラスチックをつくる材料となる石油は基本すべて輸入で賄っていることもあり，省資源を目指す中でプラスチック容器包装をどのようにコントロールするか，大きな課題であった．

　そういった背景もあり，1995 年に容器包装リサイクル法がつくられ，容器包装廃棄物を資源循環させる仕組みが制度化された．容器包装リサイクル法では，特に法律で規制しなくても，安定した市況のものでなら有価で取引されている古紙や，業界団体が責任をもって逆有償であっても引き取るとした金属缶については，事業者に対する再資源化義務を課していないが，有価取引が成立しないプラスチック製の容器包装については，事業者に再資源化にかかる費用を負担させ，国民は分別排出をし，自治体が回収するという仕組みが作られた．制度の設立もあり，日本は，国民による分別排出行動は定着したといえる．主な容器包装のリサイクル率を見てみよう．スチール缶のリサイクル率は94％（2020 年度），アルミ缶 97％（2021 年度），段ボール 95％（全国段ボール工業組合連合会），PET ボトル 89％（2020 年度），ガラス瓶 79％（2021 年度），プラスチック86％（2020 年度．ただし，リサイクル手法で燃やしてエネルギーに変えているサーマルリサイクルを除くと 24％）である．そして，最終処分量も法制度の整備に伴い，着実に年々減少していった（図 8-3）．それぞれ，何にリサイクルされているかというと，スチールやアルミ，段ボール，ガラスについては，基本同じ素材にリサイクルされている．PET ボトルは，繊維やシート，ボトルになっている．プラスチックは，輸送用パレットや擬木（公園のベンチ）などである．

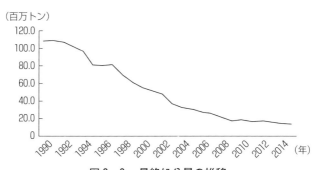

図 8-3　最終処分量の推移

（出所）環境省公表データより筆者作成．

　循環型社会を形成するための方策としては，OECD によって 1990 年代に３R（Reduce・発生抑制，Reuse・再使用，Recycle・再資源化）の推進が提唱されており，各国でも対応が進んできた．前節において，日本の資源循環の歴史を大きく見てきたが，日本が採用してきた戦略は，リサイクルを進展させるものであった．省資源の達成という点においては，発生抑制，再使用の推進が重要である．日本の廃棄物の排出量を見ると，残念ながら横ばいの状態が続いて（**図8-4**）おり，廃棄物の発生抑制が進んでいないことがわかる．家庭から排出されるごみの容積で半数を占める容器包装廃棄物をどのように減らしてくのか．筆者らが 2007 年より社会実験を実施してきた取組を紹介しよう．

　容器包装の発生抑制が進みにくい背景には，いくつか理由がある．たとえば食品包装に着目をすると，容器包装が大量に必要になった理由は，スーパーマーケットのような「セルフ型」の売り方が主流になり，容器包装が必須となったからである．八百屋さんといった対面型の販売方式の場合は，商品の説明を直接口頭で顧客に伝えることができるため，わざわざパッケージにたくさん書いたり，アピールをしなくてもよい．また，商圏が小さいと，商品保護に保存性や耐久性を求めなくても済む．たとえば，「よく昔は，豆腐を買うのに桶やボウルをもって走った」や，「野菜は新聞紙でくるんで持って帰っていた」といったエピソードがあるが，購入場所から使用する場所が近いので，特に品質の高い包装は必要なかったのである．一方，スーパーマーケットが日本で展

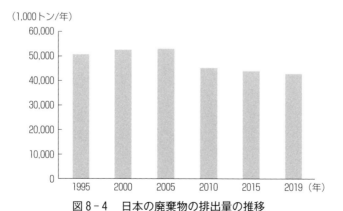

図8-4　日本の廃棄物の排出量の推移

（出所）環境省公表データより筆者作成.

開されると，その利便性から一気に全国に拡大していった．スーパーマーケットの場合，それぞれの商品を説明してくれる人はいないので，消費者は，商品の情報を容器包装で知らなければならないし，売る方も容器包装でアピールしていく必要がでてきたのである．その結果，いかに売り場で目立つのか，機能や売りたいポイントをアピールする機能も容器包装が担っていくことになった．勿論，店頭に保管され，展示されるに堪えうる機能も求められる．内容保持の保存性や持ち運びの耐久性，重量，自立するかどうかといったことまでさまざまな機能が求められる．こういった背景もあり，容器包装を減らしていく難しさがある．

　この課題を解決していくために必要なことは，まず構造的な部分に対しどのようなアプローチが可能かを検討する必要がある．具体的には，容器包装廃棄物を減らす上で，減らせる余地はどこにあるかになるのだが，品質保持機能や安全に分配する機能，内容量や原材料情報のような基本機能については，削ることは難しい．一方，消費者に伝えるためのアピール部分については，削減できる可能性がある．たとえば，内容量に比較して必要以上に見える部分等である．この部分について，減らせる余地があるのではとメーカーに問いかけたところ，「売れなくなる可能性が高くなる」と恐れていた．つまり，売れなくなるかもしれないという「恐れ」がネックであるということであった．それでは，実際に消費者は，必要量に応じた容器包装，つまり容器包装を減らした商品（中身は同じ）を選択しなくなるのかどうかを実験してみることにした．

　2007 年に，神戸の六甲アイランドにあったスーパーマーケット，コープこうべ六甲アイランド店において，1 カ月間容器包装が少ない商品を推奨し，そのことを知らせるためのカードをつけて販売実験を行ってみたのである（**写真 8-1**）．実験の結果，他の商品に比較して容器包装ごみが少ないことを推奨した商品は，それ以外の商品よりも売り上げが増加するという結果が得られたのである．その後，対象規模を大きくし，4 店舗という複数店舗の販売実験においても，同様の結果が得られており，情報提供をすることで，容器包装が少ない商品が選択することが実証された．こういった販売実験や店頭調査等の結果を踏まえて，共同研究をしていた大手食品メーカーは，一部商品について容器包装を現行よりも削減した商品を全国展開で販売を行った．現在では容器包装

**写真 8－1　容器包装が少ない商品を推奨した販売
実験の様子**（2007 年 2 月）

　が少なくなったデザインが標準になっており，1 個あたり 30％以上のプラスチック容器包装が削減されたのである．

　ちなみに，容器包装を減らした商品を発売した当時は，顧客から苦情がくるかと身構えていたが，実際何万個と売れたにも関わらず，1 件の苦情もなかった．このことは，作る側が消費者の容器包装に対するニーズを確実にとらえることがいかにできていないかを物語っているといえよう．店頭での販売実験分析や，消費者へのインタビュー，店頭調査等の結果から総合的に考察すると，消費者の商品選択の理由はさまざまであるものの，毎日購入するような食品については，包装よりも中身の方が高く評価されているという実感がある．メーカー側の，中身に対する自信はあれど，店頭で目立たなければ売れないと考えてしまう気持ちはわかるが，目立つということのみに集中してしまい，その部分での各社競争になり，核の軍縮ロジックのように競合企業相互が一斉に減らさない限り，容器包装を減らせないというロジックに陥っているようにも見える．実験を終えて 15 年ほどが経過しているが，当時実験結果が判明してからも重い腰を上げなかった共同研究企業が，昨今の SDGs や海ごみプラスチック問題といった社会課題が大きくとりあげられるようになってから，その企業の看板商品の容器包装を減らしたデザインに変更したと大々的に発表していた．こういった企業行動を観察していると，学術的な結果よりも社会的な機運の方

が企業を動かすのかとため息がでたものである一方で，企業風土もあるだろうが，企業規模が大きくなると部署間の調整や説得が社会的要請のような外部環境要因よりも大変なのかもしれない．いずれにしても，消費者を信じて，必要以上の容器包装は減らしてくべきである．

3 ネットゼロに向けた課題

　冒頭で説明した通り，2050年に地球温暖化ガスの発生をゼロにしていかなければならない．地球温暖化はすでに顕在化しており，世界各地でさまざまな被害が多発している．日本も例外ではなく，大雨による土砂災害，洪水による床上浸水など，毎年日本列島のどこかで発生している．これは，毎年新たに多くの生活インフラが破壊され，日常生活を奪われている人がいることを意味している．これではいくらお金があっても足りなくなるのは目に見えている．そもそも，日本の人口は今後一気に減少していくことが予測されており，経済基盤を強くするべく，1人当たりの生産性を上げなければ，災害復興さえままならなくなるだろう．世界を見渡すと，干ばつや森林火災によって農作物が収穫できない食料供給の問題も現実化しつつある．その上，世界情勢も不安定になり，貿易も不安定な時代を迎えている．

　資源循環の分野に目を向けると，リサイクル技術の見直しが必要になっている．なぜなら，これまで見てきた通り，消費してきた後の処理をどうするかといった視点で社会の制度を作ってきたため，「廃棄されたものをどのように処理して，減容化するか」に心血を注いだ技術開発が行われてきたのである．この仕組みに合わせて，国民も分別排出を行い，自治体も苦労しながら，近隣の自治体と共同で処理施設を運営してコストを下げたり，ダイオキシン対策に耐えうる高度な焼却炉を設置したり，さらには灰溶融炉といった高い費用を払ってでも最終処分量を減らす技術を導入するなど，全国各地でさまざまな廃棄物管理が行われてきた．先述のとおり，容器包装は，リサイクルの解釈が分かれるプラスチック製容器包装廃棄物を除くと，世界最高水準のリサイクル率（回収率）を誇っている．しかし，今後は，脱炭素の観点からも，ごみを燃やす量を減らし，リサイクル方法についても見直しが必要になる．その解決策としては，そ

そも廃棄物の発生を抑制していく方法が最も重要であると筆者は考えている．

　PET ボトルのリサイクルは，先述の通り，シート，繊維，ボトルにリサイクルされている．シートは容器包装等に再利用され，繊維は洋服に，ボトルはもう一度飲料用ボトルになっている．この中でポイントは，再利用されたものが，もう一度リサイクルされるかどうかである．たとえば，飲料用のペットボトルが回収され，シートとなって，別の容器包装として活用されたとする．その使用後がもう一度シートにはならず，多くの場合容器包装廃棄物として排出されるだろう．場合によっては，燃やされている可能性もある．つまり，一度リサイクルされたものの，2回目で廃棄物となっているのである．繊維についても，ペットボトルの再生繊維と他の繊維が合成されたりすることで，もう一度再生繊維としてリサイクルすることが難しい．これは，容器包装プラスチックがさまざまな素材で合成されて作られているため，リサイクルしにくい構造と似ている．ペットボトルに戻ると，ペットボトルをリサイクルして，もう一度ペットボトルに使う場合は，理論的には何度もペットボトルとしてずっと使われることになる．そのため，一度リサイクルしたら，ごみになってしまうことがない（厳密には歩留まりや多少の劣化によってペットに色がつくといったことがあるので，一切ごみがでないわけではない）．こういう同じ製品にもう一度リサイクルすることを「水平リサイクル」という．理屈の上では，この水平リサイクルをしていくことは，消費者が既存の容器包装を使ってこれまで享受してきた効用を維持し，廃棄物の発生抑制，省資源を達成していく重要なキーを握っている．

　ペットボトルの水平リサイクルについては，実際着実に進んでおり，大手飲料メーカーのボトルが次々と再生 PET に変更されてきている．ペットボトルが先行している背景は，回収されるペットボトルの量と品質が安定していることもあり，かつ技術も先行して確立していたことなどがあげられる．次に，挑戦されている素材が洗剤等で利用されている詰め替えパウチである．日本は，洗剤等のボトルの容器包装量を削減するため，世界一の詰め替え大国になり，相当なプラスチック量の発生抑制は達成してきたが，さらに詰め替えパウチについて，水平リサイクルを目指すという難題に複数メーカーが挑戦している．これらが成功するか否かは，企業努力だけでは不可能であり，詰め替えパウチを回収するスキームや消費者による分別排出の協力など，あらゆる人の協力と

連携が必須である.

おわりに

　資源循環をテーマに，日本の廃棄物の歴史と現状，そして今後について解説してきた．これからおよそ 30 年をかけて，ネットゼロ社会を実現していくために，資源循環の分野においてもさまざまな挑戦，努力，理解，協力が必要である．かつて，環境問題は，自分だけ頑張っても仕方がないといった気持ちから，自分事化されにくいといわれてきた．しかし，温暖化を肌で感じることとなり，いつ自分自身が災害の被害者になるかわからない現在においては，何かしら対策が必要だと感じ，自分自身に何ができるかについて，多くの人が考えるようになってきているとも感じる．行政は正しい知識を国民にわかりやすく発信し続け，そして国民もそういった情報を自ら積極的にとりにいくことで，社会全体をみんなの力でより良い方向に進めていかなければならない．

参考文献

アルミ缶リサイクル協会「リサイクル率」(http://www.alumi-can.or.jp/publics/index/98/, 2022 年 9 月 2 日閲覧).

ガラスびん 3 R 促進協議会「びん to びん率・リサイクル率の推移」(https://www.glass-3r.jp/data/pdf/data_01c.pdf?20220622, 2022 年 9 月 2 日閲覧).

食品出版社［1977］『飲料統計 1977』p.14.

スチール缶リサイクル協会「リサイクル率」(https://steelcan.jp/recycle/index.html, 2022 年 9 月 2 日閲覧).

全国段ボール工業組合連合会「段ボールはリサイクルの優等生」(https://zendanren.or.jp/content/recycle/, 2022 年 9 月 2 日閲覧).

東京都環境局「限りある処分場（ごみ埋め立ての歴史)」(https://www.kankyo.metro.tokyo.lg.jp/resource/landfill/chubou/landfill_finite.html, 2022 年 9 月 2 日閲覧).

プラスチック循環利用協会「プラスチックリサイクルの基礎知識 2022」(https://www.pwmi.or.jp/pdf/panfl.pdf, 2022 年 9 月 2 日閲覧).

PET ボトルリサイクル推進協議会「リサイクル率の算出」(https://www.petbottle-rec.gr.jp/data/calculate.html, 2022 年 9 月 2 日閲覧).

（小 島 理 沙）

第9章　経験学習から学ぶ会計教育
——創業体験プログラムおよび
資金調達ゲームを事例として——

はじめに

　人工知能（AI）の進化などによるビジネス環境の変化により，近い将来に会計に関わる仕事のあり方もこれまでとは大きく変容するといわれている．それに伴い，会計教育のアプローチも従来の知識移転型から専門的な判断能力養成型へと変えていかなければならないという風潮が高まっている．判断や意思決定の能力を高めるための最適な教授法として，近年注目を集めている革新的な教育アプローチに「経験学習」という方法がある［菅原 2021］．経験学習とは，組織行動学者の Kolb によって提案されたものであり，「経験を把握し，それを変容するプロセスによって知識を身につけるモデル［Kolb 1984：40］」と定義される．

　本章は，経験学習として「創業体験プログラム」［飛田 2014；潮 2016；2017］と「資金調達ゲーム」［和田 2009；田中・保田 2013］の2つの会計教育モデルを実践し，その教育効果を考察することを目的とする．上記の教育モデルのうち，特に創業体験プログラムは近年世界各国で開発が行われている「アントレプレナーシップ教育（Entrepreneurship Education 以下「EE」）」との関連が深い．EE は，起業家精神教育として，事業を創造・運営していく中で起業家として身につけておくべき知見を学ぶ．また，EE は現代社会において重要なコンピテンシーであり，起業を志す一部の学習者だけでなく，高等教育全体の中で位置づけられるべき重要なプログラムとされる［松永・芦澤・渡邊 2022：103］．飛田［2022］では，EE 研究の成果に着目し，そこから得られている教育的な論点を検討することで，会計教育に対する示唆が得られることを指摘し，会計リテラ

シーを学ぶ装置として EE を位置づけている．本章でも，飛田［2022］の考え
に依拠し，今後さらに会計教育に求められる「専門的判断力や問題解決能力な
どの思考力を有する人材の開発」の一端を担うべく，EE に関連する経験学習
による会計教育の事例研究を行うこととしたい．

　具体的には，京都経済短期大学において 2021 年度及び 2022 年度に開講され
たゼミナール科目と京都明徳高校との高短連携授業科目の二科目で行った会計
教育を事例として取り上げてその内容を記述し，それぞれが受講生にどのよう
な教育効果をもたらしたかを考察する．

$\boxed{1}$　本研究の方法

経験学習モデル

　Kolb が示す経験学習のプロセスは，具体的な経験（concrete experience），内
省的な観察（reflective observation），抽象的な概念化（abstract conceptualization），
積極的な実践（active experimentation）という 4 段階のサイクルとして説明され
ている（図9-1）．つまり，「具体的な経験」をした後，その経験を振り返るこ
とで「内省的な観察」を行い，そこから独自の知見を引き出すことで「抽象的

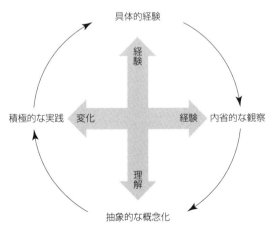

図9-1　経験学習プロセス

（出所）Kolb［2015：Figure 2.1］.

な概念化」をし，その概念をもとに新たな状況に対して実践する「積極的な実践」を行うことで，知識を身につける．

　また，学習サイクルには2つの方向性があり，経験（具体的経験）も理解（抽象的な概念化）も単独で機能することはできず，効果的な学びのためには，経験したことの形を変容させて，考えたこと（内省的な観察）から行動（積極的な実践）に結びつけるというステップを全て行う必要がある．

分 析 手 法

　本研究では，経験学習としてアントレプレナーシップ教育（EE）と関連がある「創業体験プログラム」と「資金調達ゲーム」を行った．分析手法としては，九州大学のEEプログラムにおいて採用されている，学習者のスキル，知識，マインド（Skills, Knowledge, and Mindset, 以下「SKM」）に関するフレームワーク［松永・芦澤・渡邊 2020］を参考に，アンケート分析をして教育効果を考察することとした．SKMフレームワークは，ヨーロッパ委員会内に設置された教育・視聴覚・文化執行機関（Education, Audiovisual & Culture Executive Agency, 以下「EACEA」）が *Eurydice Report* において公表しているフレームワークに基づいて開発されている．多くの受講生は，近い将来起業することよりも，アントレプレナーシップに関するスキルや知識の習得，あるいは実践的経験と成長の機会を求めてEEプログラムを受講するケースが多く，多面的な教育効果をとらえることが可能なSKMが指標として採用されている［松永・芦澤・渡邊 2020：102］．本章でも，経験学習を通じて習得する教育効果を，**表9-1**に示すように，スキル，知識，マインドの3つの指標に分けて分析し，事例研究を行うこととする．

２　大学祭の模擬店経営から学ぶ「創業体験プログラム」

創業体験プログラムの実施概要

　創業体験プログラムとは，受講生が大学祭などの模擬店経営を活用して，会社組織を作り，資金調達，営業活動，会計監査などの会社経営に関する包括的な学びができる教育プログラムである［飛田 2014］．会計教育という視点では，

表9-1　本研究における受講生のスキル，知識，マインドについての分析項目

カテゴリー		内　容
上　位	下　位	
スキル	計画性 有限資源管理 チームワーク	計画的に物事を進めるための能力，ノウハウ 限られた条件下で資源を有効活用して物事を推進するスキル チームの成果を最大化させるために他者と効果的に協働するスキル
知識	財務リテラシー 機会発見 起業家の役割 起業とキャリア	財務的データの構造や分析法に関する知識・理解 課題発見の方法論に関する知識 倫理的側面も含めた起業家の社会的役割・意義に関する知識 起業家としてのキャリア形成，成功のための要件に関する知識
マインド	自信 主体性	事業を立ち上げ，起業に成功することに関する自信 自ら行動して課題発見・課題解決に取り組むことへの指向性

(出所) EACEA [2016：123-124]．松永・芦澤・渡邊 [2020：図1] を参照し筆者作成.

　生きたデータによる損益分岐点分析，販売価格および数量の設定，目標利益の計算，営業活動の仕訳，記帳，財務諸表の作成，監査の実施というプロセスにおいて，判断能力の涵養を促すことができる．

　本プログラムは，筆者が担当する1年次後期科目の専門ゼミナールにおいて実施した．コロナ禍における本学の大学祭の実施状況を踏まえて，代表的な先行研究である飛田 [2014；2022] の福岡大学の事例および潮 [2016；2017] の中央大学の事例を若干アレンジして実践した．本プログラム全体のルール設定やカリキュラムについては教員主導で行ったが，会社を設立し，事業内容を決定し，計画を策定し，実行するという一連の事業プロセスはゼミ生を社長・副社長，経理部門，販売部門，商品部門，および総務部門の各役職・部署に分け，ゼミ生自身で判断して思考する場としての主体的な学習環境を設けるようにした．

　本学の大学祭の開催日は10月31日であり，所属ゼミ決定後の後期科目開始時点から創業体験プログラムを実施するには時間がタイトであったため，ゼミの所属発表後すぐの夏休み前の顔合わせ集会（7月19日）から打ち合わせを開始し，夏休み中にも数回対面とZOOMを使ったゼミ集会を行った．本プログラムでは，本来起業家役の学生のみならず，外部の投資家から一定の資金を調達することが求められている．しかし，今年度はコロナ禍による開催でさまざまな制約が課され，大学から運営に必要な資金が出ることから，内部の出資のみで外部からの増資は行わず，9月18日におけるZOOM開催で行われた外

写真9-1　模擬店運営の様子（風船で的当てゲーム）

部投資家役のゼミのOB・OGへの事業計画発表での評価を受けることを夏休み中の目標にすることとした．

　以上の経緯を経て，ゼミ生同士の議論の末，「株式会社Indals」と題した会社を設立し，風船を的と見立てた「風船で的当てゲーム」というアミューズメント・ゲームを提供する模擬店経営を行うことになった（写真9-1）．

創業体験プログラムの教育効果

　2021年7月から2021年11月までに大学祭の創業体験プログラムを行った16名を対象とした．質問内容は，「模擬店経営の評価」と「役職を通じて学んだこと」を中心にGoogle Formを用いてアンケート調査を行った．本研究では，質問に対するコメント・理由などを記載できるように自由記載欄を設け，得られた回答をキーワード化にて細分化し，SKMのカテゴリーに分類した．さらに，得られたカテゴリーを複数回答形式での回答とみなしアフターコーディングを行い，分析の対象とした（表9-2）．最終的に16名分の回答から38の記述を得た．

　各カテゴリーの記述数は，スキル面の「チームワーク」およびマインド面の「自信」が同率で最も多く8（21.1%）であった．次に知識面の「財務リテラシー」，「機会発見」およびマインド面の「主体性」が同率の5（13.2%）であった．次いでスキル面の「計画性」および「有限資源管理」が3（7.9%），知識面の「起業とキャリア」が1（2.6%）と続いていた．その他，知識面の「起業と役割」の項目については該当記述がなかった．

　以上より，創業体験プログラムを通して，対象者が習得する学習の教育効果

表9-2　創業体験プログラムのアンケート回答を SKM の観点からみた分類の結果

カテゴリー		記述例	記述数（％）
上　位	下　位		
スキル	計画性	長い期間話し合って，景品も何回も考え直して，飾りとか，的をどうしたら難易度が景品に見合ったところにセットできるかとか考えて，結果売上二位になれたから．	3 （7.9）
	有限資源管理	細かいところを挙げていけば，改善点はいくらでも見つかると思っています．しかし，限られた時間と少ない情報に対して，臨機応変な対応をし，新しい環境と人間関係の中で，ゼミ生のみんなが精一杯を尽くせたと考えています．そして，なんと言っても結果がついてきたことこそ，ゼミ生みんなの頑張りの証明だと考えます．	3 （7.9）
	チームワーク	販売部門のみんなの意見を取り入れ，提案や進行をした際に，気遣いやどうまとめるか，さらにみんなの協力がすごく大切なのだと感じました．みんなそれぞれ意見を伝えてくれて配置などもとてもいい感じにできてよかったです．	8 （21.1）
知識	財務リテラシー	実際の仕訳では，勘定科目をどれにするかということ，またどれほど細かく分類するのかということに苦労しました．これは，簿記を検定取得としてやっていては，わからなかったものでした．そのことから，簿記を問題として解くだけではなく，実際の仕訳を行うことで，知識だけではなく，活用することの難しさを知りました．	5 （13.2）
	機会発見	事業計画書を作ったが，先輩達の意見を元にもっと色んな情報を見やすく，わかりやすくするとさらに良いものが作れるとわかった．	5 （13.2）
	起業とキャリア	模擬店を通して，仲も少し深まったと思うし，経営を１からやっていて自分たちで色々と考える難しさもよくわかった！	1 （2.6）
マインド	自信	今回の秋華祭においては，暇をする時間など微塵もなく，特に対面が始まってからは本当に大変で，疲れました．しかし，同時に，経験できて良かったとも思います．色々と周りに迷惑もかけたと思いますが，中心に近い位置で今回の結果を出せたことは少し自信になりました．	8 （21.1）
	主体性	集客のための工夫をし，さまざまな年代性別の方をお客様として迎えられたから．	5 （13.2）

を，「スキル」「マインド」「知識」の３つの指標に分けて分析すると，スキル面の「チームワーク」およびマインド面の「自信」は比較的容易に教育効果を得やすい傾向があることがわかった．一方で，知識面の「財務リテラシー」「機会発見」，マインド面の「主体性」の習得については，経理部門などの特化した部署に所属している場合を除き，全員が同様に教育効果を得るにはもう少し改善の余地があるということが示唆される．さらに，アントレプレナーシップの知識面である「起業とキャリア」や「起業と役割」の習得については比較的難易度が高く，今後実施する際には，創業体験プログラムへ向けた準備時間をより多く費やせるよう，運営方法の検討の必要があるといえよう．

3 「資金調達ゲーム」で学ぶ高短連携講義

資金調達ゲームの実施概要

今回行った資金調達ゲームは，企業の資金調達を体験するように，グループ内で経営者，銀行，株主にわかれ，会社の貸借対照表を作成し，自己資本比率の割合と経営者・株主・銀行の保有資産の金額で競い合うものである．ゲームの構成や実施については，和田［2009］にある敬愛大学での企業金融のロールプロイングゲームと田中・保田［2013］にある小樽商科大学・大学院での資金調達ゲームを参照し，少しアレンジを加えて行った．

授業は筆者がオムニバス形式で担当する京都明徳高校商業科三年生との高短連携科目（90分）の中で，2022年6月9日に行われた．また，筆者は通常授業で同時間帯に京都経済短期大学の初級簿記Ⅰクラスを担当していることから，高校生107名と短大生（一回生）49名の計156名に対して同時に二教室を繋げて経験学習を実施することとした．大人数での実施ということから，筆者のゼミ生（二回生）を中心にＳＡを起用し，運営のサポート体制を構築することとした．

今回実施した資金調達ゲームの内容は次の通りである．１グループを８人もしくは９人とするグループワークを中心とし，経営者１人，株主４人，銀行３〜４人で構成する．最初に経営者は起業して１年後に結果が出る４つのプロジェクトから１つ選択し，銀行および株主にプレゼンし資金調達をする．次に

銀行は貸出金利を決め，経営者への資金調達の判断を行い，株主は経営者のプロジェクト案を聞き，投資金額を決定することになる．1年後に会社は閉鎖し，回収した現金を銀行と株主に戻し，1年後に保有資産の多いプレイヤーの勝ちとするルールである．ただし，経営者は他の経営者（自己資本比率の高さと保有資産の多さ）と，銀行は銀行同士で，株主は株主同士で競うこととした（他のチームを含む）．

資金調達ゲームの教育効果

アンケートは60分間の資金調達ゲームを行った直後にGoogle Formを用いてWeb調査を行った．今回は，オムニバス形式の短時間で行うものであり，継続して行う授業ではないため，SKMフレームワークの中でも特に先行研究において論点になることの多かった「スキル（チームワーク）」，「知識（財務リテラシー）」，「マインド（主体性）」に着目し，アンケート分析を行うこととした．

対象者は簿記の学習歴のある高校商業科3回生および簿記の初学者も含む短大1回生であることから，学習歴を1年未満／1年以上として分類した後，両群の「スキル（チームワーク）」，「知識（財務リテラシー）」，「マインド（主体性）」の平均値の比較をt検定により実施し，両群の有意差検定を行った．各質問項目の《非常にそう思う》から《全くそう思わない》の5段階にそれぞれ5点から1点を配点し，回答の傾向と偏りの確認のために平均値と標準偏差を算出した（表9-3）．

スキル面での教育効果の測定として，経営者・株主・銀行の3者でのコミュニケーションを活発に行うことができたかという，チームワークについて質問した．その結果，**表9-3**に示す通り，学習歴1年以上の平均値3.888は，学

表9-3　学習歴別の平均値と標準偏差およびt検定の結果

カテゴリー		学習歴1年未満 (n=57)		学習歴1年以上 (n=99)		p値
上 位	下 位	平均値	標準偏差	平均値	標準偏差	
スキル	チームワーク	3.649	0.855	3.888	0.856	0.094 †
知識	財務リテラシー	3.736	0.973	3.979	0.782	0.090 †
マインド	主体性	3.298	1.224	3.303	1.156	0.981

(注) † $p < .10$.

習歴1年未満の3.649よりやや高く，p値は0.094と10％水準では両群の間には有意差があった．

　知識面での教育効果の測定として，今回のゲーム学習を通じて，通常の会計学習の学びが深まりに繋がるか否かを問う，財務リテラシーについての質問を行った．その結果，**表9‐3**に示す通り，学習歴1年以上の平均値3.979は，学習歴1年未満の3.736よりやや高く，p値は0.090と10％水準では両群の間には有意差があった．

　マインド面での教育効果の測定として，対象者がゲーム学習を行う前に想定していたように保有資産を獲得することができたのか，という主体性について質問を行った．その結果，**表9‐3**に示す通り，学習歴1年未満の平均値3.298は，学習歴1年以上の3.303と平均値はほぼ変わらず，両群の間には有意差がみられなかった．

　以上のように，資金調達ゲームを通して受講生が修得する教育効果は，学習歴が1年未満か1年以上かでの段階に応じて，マインド面の「主体性」では大きな差はないと言える．ただし，スキル面の「チームワーク」および知識面の「財務リテラシー」については，学習歴1年以上と学習歴1年未満に比べて学習の習得度は5％水準での有意差はないが，10％水準では有意差があることがわかった．今後経験学習を行っていくうえでの着目すべき検討課題は，学習歴の有無を視野に入れたスキル面と知識面についての詳細な教育効果についての分析であるといえよう．

お わ り に

　本研究では，京都経済短期大学において2021年度および2022年度に開講された2つの科目を事例として取り上げ，その内容を記述し，それぞれが受講生にどのような教育効果を得たのか，スキル，知識，マインドに関するフレームワークに基づいて考察を行ってきた．事例研究という特性から，得られた知見は一般化が難しいものではあるが，経験学習による会計教育に一定の教育効果があることが示唆された．

　創業体験プログラムにおける事例では，自由記述からのコーディング分析を

行ったが，比較的容易に教育効果を得やすいものとそうではないものがあることから，教育手法と受講生の習熟度の関係についてさらなる研究が必要であるといえよう．資金調達ゲームにおける事例においては，学習歴によって教育効果に有意差があるか考察したが，スキル面および知識面では10％水準では有意差があるものの，５％水準では有意差は確認できなかった．一方，マインド面では10％水準でも有意差はなかった．この点については詳細に分析し，学習歴の有無も含め，経験学習によって会計教育を深めるアプローチをさらに検討する必要があると言える．今後は，本研究の考察をふまえて，より体系的な研究を進めていくことを課題としたい．

謝辞

創業体験プログラムを実施するにあたり，福岡大学商学部准教授 飛田努先生に研究の進め方や枠組みについて温かいご指導ご鞭撻を賜りました．心より感謝申し上げます．

参考文献

〈邦文献〉

潮清孝［2016］「『創業体験プログラム』における会計教育の論点探求――エスのグラフィ――」『会計教育研究』4, pp. 33-45.

―――［2017］「会計教育におけるアクティブ・ラーニングの有効性――『創業体験プログラム』における戦略会計の実践例をもとに――」『会計教育研究』5, pp. 38-50.

菅原智［2021］『会計のイメージを変える――経験学習による会計教育の挑戦――』中央経済社.

田中慎一・保田隆明［2013］『あわせて学ぶ　会計＆ファイナンス入門講座――プロになるための理論と実践――』ダイアモンド社.

飛田努［2014］「模擬店出店を通じた会計教育の事例――福岡大学商学部における創業体験プログラムの取り組み――」『会計教育研究』2, pp. 32-40.

―――［2022］「会計リテラシーを学ぶ装置としてのアントレプレナーシップ教育――福岡女子商業高校における高大連携授業の取り組みからの知見――」『産業経理』82（2）, pp. 44-57.

松永正樹・芦澤美智子・渡邊万里子［2020］「アントレプレナーシップ教育におけるProject-Based Leaning（PBL）の効果と可能性――九州大学ロバート・ファン／アントレナーシップ・センターにおける実践事例から――」『VENTURE REVIEW』36, pp. 91-105.

和田良子［2009］「やってみる！経済学――教育用実験のススメ（vol.4）企業の資金調達

を理解しよう！――」『経済セミナー』650, pp. 91-100.

〈欧文献〉

Brislin, R. W. [1970] "Back-translation for cross-cultural research", *Journal of Cross-Cultural Psychology*, 1, pp. 185-216.

European Commission/EACEA/Eurydice [2016] *Entrepreneurship Education at School in Europe: Eurydice Report*, Luxembourg: Publications Office of the European Union.

Kolb, D. A. [1984] *Experiential learning: Experience as the source of learning and development. NJ*, Person Education, Inc.

―――― [2015] *Experiential learning: Experience as the source of learning and development – Second Edition*, Englewood Cliffs, *NJ:* Prentice Hall.

Moberg, K. et al. [2014] *How to assess and evaluate the influence of entrepreneurship education. A report of the ASTEE project with a user guide to the tools.*

（近 藤 汐 美）

第10章 ディーセント・ワークの実現を目指して
──持続可能性を視野に入れて──

は じ め に

　今日，日本を含む世界においては，働くことについての問題や課題が山積している．その中で，ILO（International Labor Organization：国際労働機関）が，「ディーセント・ワーク（働きがいのある人間らしい仕事）」[1]を定義し，それを国際的に推進しようとしている．また，国連も SDGs（Sustainable Development Goals：持続可能な開発目標）として，2030 年に達成する 17 の目標を掲げている．その中で，目標 8 では「ディーセント・ワークを促進する」ことについて触れられている．このように，ディーセント・ワークは，持続可能な社会を目指すにあたって必要不可欠であるのはいうまでもないが，たとえば，日本の状況についてみてみると，ディーセントが欠如した状態が散見される．たとえば，日本は労働時間に関する ILO の労働条約に 1 つも批准していないという現実がある．このような状況 1 つとってみても，ディーセント・ワークの実現とは程遠い現実がある．そこで，本章では，ディーセント・ワークと SDGs の概要に触れたうえで，日本におけるディーセント・ワークの現状を長時間労働の事例を用いて確認する．それを踏まえて，持続可能な社会を実現するためにどのような取り組みが考えられるのかということについて確認する．

1　ディーセント・ワークとは何か

ディーセント・ワーク──ILO との関連で──
　「ディーセント・ワーク（働きがいのある人間らしい仕事）」の概念は，1999 年の

ILO 総会に提出された事務局長報告において初めて用いられ，ILO の活動の主目標と位置付けられた[2)]．

　ILO は，労働条件の改善を通じて，社会正義を基礎とする世界の恒久平和の確立に寄与すること，完全雇用，社会対話，社会保障等の推進を目的とする国際機関（本部はスイス・ジュネーブ）として唯一の政，労，使の三者構成機関である[3)]．

　ディーセント・ワークの実現は，（1）雇用の促進，（2）社会的保護の方策の展開及び強化，（3）社会対話の促進，（4）労働における基本的原則及び権利の尊重，促進及び実現の4つの戦略的目標を通して実現されると位置づけられている．このため，ILO は4つの戦略的目標に沿った形で技術協力や調査研究を行っている[4)]．

SDGs の動向

　SDGs は，2015 年 9 月の国連サミットで加盟国の全会一致で採択された「持続可能な開発のための 2030 アジェンダ」に記載された，2030 年までに持続可能でよりよい世界を目指す国際目標である．SDGs は，17 の目標・169 のターゲットから構成されており，地球上の「誰一人取り残さない」ことを誓っている[5)]．

　その中で，ディーセント・ワークに関わる目標については特に2つあげられる．目標5は，「ジェンダー平等を達成し，すべての女性および女児のエンパワーメントを行う」であり，目標8は，「包摂的かつ持続可能な経済成長及びすべての人々の完全かつ生産的雇用と働きがいのある人間らしい雇用（ディーセント・ワーク）を促進する」というものである[6)]．これらには，ILO の活動と連携して，「働きがいのある人間らしい仕事」を実現しようとする側面もある．

2 ディーセントが欠如した状態にある日本企業
——長時間労働の事例——

　本節では，ILO や SDGs が，「働きがいのある人間らしい仕事」を実現しようとする中で，日本が，現在どのような状況にあるのかということについてみ

ていきたい．日本においては，失業，不完全就業，質の低い非生産的な仕事，
危険な仕事と不安定な所得，権利が認められていない仕事，男女不平等，病気
や障害・高齢による所得の損失に対する不十分な保護など，「ディーセントが
欠如した仕事状態」が多々見受けられる［岩出 2014：43-44］．

　ここでは，日本において，ディーセントが欠如している状態の 1 つの事例と
して，日本の労働時間の実態についてみていきたい．

労働時間の実態──ディーセントが欠如している具体的事例──

　表 10- 1 は，G 7 の 1 人当たり平均年間総実労働時間を示している．これに
よれば，日本は，1985 年，1990 年，1995 年については，G 7 の中で最も長い
労働時間であったことを示している．その後，2000 年には，日本の 1 人当た
り平均年間総実労働時間は，1821 時間となり，アメリカがこれを上回る 1832
時間を示すこととなった．2020 年現在では，日本は 1598 時間と G 7 の中では
3 番目に 1 人当たり平均年間総実労働時間が長い国になっている．

　日本の総実労働時間は，以前に比べて短縮傾向にはあるものの，その際に指
摘できることは，第 1 にそれは非正規雇用の短時間労働者の 1990 年代後半以
降の増加によるものであること，第 2 に正規雇用の社員（とりわけ男性社員）の
所定外労働時間が他国と比較して長いこと，第 3 に規制緩和によるフレキシブ
ルな労働時間制度によって労働時間の実態はむしろ長くなる傾向にあること，
などであった［黒田 2018：268；須田・森田 2022：25］．

　表 10- 2 は，G 7 諸国における女性就業者に占める短時間労働者の割合を示

表 10- 1　1 人当たり平均年間総実労働時間
(時間)

	1985	1990	1995	2000	2005	2010	2015	2020
日本	2,093	2,031	1,884	1,821	1,775	1,733	1,719	1,598
アメリカ	1,838	1,833	1,839	1,832	1,794	1,772	1,783	1,767
カナダ	1,795	1,797	1,775	1,787	1,745	1,715	1,712	1,644
イギリス	1,613	1,618	1,586	1,558	1,544	1,507	1,525	1,367
ドイツ	1,671	1,578	1,531	1,466	1,432	1,426	1,401	1,332
フランス	1,654	1,645	1,601	1,558	1,532	1,540	1,519	1,402
イタリア	—	—	1,856	1,850	1,811	1,777	1,718	1,559

（出所）労働政策研究・研修機構［2022：223-224］に基づいて筆者作成．

表 10- 2　就業者に占める短時間労働者の割合（女性）

(%)

	2005	2010	2015	2016	2017	2018	2019	2020
日本	31.7	33.9	36.9	37.1	36.7	38.3	39.1	39.5
アメリカ	18.3	19.2	18.0	18.2	17.7	17.2	16.8	15.7
カナダ	27.0	27.5	26.3	26.4	26.2	25.8	25.6	24.5
イギリス	38.5	39.3	37.7	37.6	37.4	36.9	36.2	34.5
ドイツ	38.8	38.2	37.4	36.9	36.8	36.6	36.3	—
フランス	22.6	22.5	22.3	22.0	22.1	21.4	20.4	19.7
イタリア	28.8	31.0	32.8	32.6	32.4	31.9	31.8	31.5

（注）本表における短時間労働者の定義は，主たる仕事について通常の
　　　労働時間が週 30 時間未満の者.
（出所）労働政策研究・研修機構［2022：140］に基づいて筆者作成.

している．これによれば，2005 年には，日本は 31.7％とドイツ，イギリスに
次いで 3 位の割合であったが，2020 年では，日本では 39.5％と G 7 諸国の中
で最も割合が高かった．また，各国とも男性に比べて女性の短時間労働者の割
合が高い点も特徴的である．

　第 2 の傾向は，男性社員の所定外労働時間が長いことである．**表 10- 3** は，
男性社員の長時間労働の割合を示している．これによれば，2010 年の日本の
長時間労働者の割合は，G 7 諸国の中では群を抜いて高い割合である 32.0％
を示している．その後 2020 年においても，日本は 21.5％と，2010 年に比べる
と低い数値ではあるが，G 7 諸国の中で唯一 20％台の数値を示している．

　第 3 に，フレキシブルな代表的な労働時間制度としては，裁量労働制と高度

表 10- 3　長時間労働の割合（男性）

(%)

	2010	2014	2015	2016	2017	2018	2019	2020
日本	32.0	30.0	29.5	28.6	29.4	27.3	26.3	21.5
アメリカ	20.7	21.4	21.1	20.9	20.7	20.8	20.5	18.3
カナダ	18.1	17.1	17.2	16.9	16.6	16.9	15.8	14.1
イギリス	16.9	18.1	17.8	17.5	17.0	16.7	16.1	—
ドイツ	17.2	15.0	14.1	13.7	12.6	12.0	11.3	8.9
フランス	16.5	14.4	14.0	14.6	13.7	13.9	13.8	12.3
イタリア	15.1	13.1	13.2	13.3	13.7	13.6	13.2	10.2

（注）ここでいう長時間とは，ILOSTAT の労働時間別就業者統計において，本表
　　　掲載国に共通する最長の区分である
　　　週 49 時間以上を指す．原則，全産業，就業者（パートタイム含む）が対象.
（出所）労働政策研究・研修機構［2022：228］に基づいて筆者作成.

プロフェッショナル制度があげられる．裁量労働制とは，働き手の裁量で労働時間を決める必要があるとされた業務について，実際に働いた労働時間にかかわらず，あらかじめ労使で協定した時間だけ働いたとみなして賃金を払う働き方である．労働時間は働き手の裁量で決められるとしても，業務量は会社の裁量次第だ．仕事の量を増やされれば，働き手は「自分の裁量で自発的に」サービス残業を引き受けるしかない．このため労働界では，裁量労働制は長時間労働を招きやすく，過労死の温床になりやすいとされてきた［竹信 2019：5］．

　表10-4は，裁量労働適用労働者がいる事業所における1カ月の労働時間の状況の1日当たり平均の階級別事業場割合を示している．これによれば，8時間を超える労働時間である割合は，不明を除き，77.1％となっている．この表では，深夜および休日労働手当の該当時間は明らかにはなっていないが，労働時間それ自体の長さはわかる．そうしてみれば，77.1％が労働基準法で定められている8時間を超えており，いわゆるサービス残業部分が大きいといえる．

　次に高度プロフェッショナル制度は，高度の専門的知識を有し，職務の範囲が明確で一定の年収要件を満たす労働者を対象として，労使委員会の決議及び労働者本人の同意を前提として，年間104日以上の休日確保措置や健康管理時間の状況に応じた健康・福祉確保措置等を講ずることにより，労働基準法に定められた労働時間，休憩，休日及び深夜の割増賃金に関する規定を提起しない

表10-4　1カ月の労働時間の状況の1日当たり平均の階級別事業場割合

(％)

計	6時間以下	6時間超7時間以下	7時間超7時間15分以下	7時間15分超7時間30分以下	7時間30分超7時間45分以下	7時間45分超8時間以下	8時間超8時間15分以下	8時間15分超8時間30分以下	8時間30分超8時間45分以下
100.0	0.8	2.4	1.4	2.7	3.9	9.0	7.6	9.1	11.0

8時間45分超9時間以下	9時間超9時間15分以下	9時間15分超9時間30分以下	9時間30分超9時間45分以下	9時間45分超10時間以下	10時間超10時間30分以下	10時間30分超11時間以下	11時間超12時間以下	12時間超	不明
11.1	10.1	8.7	6.7	5.1	4.6	1.9	0.9	0.3	2.5

（出所）厚生労働省［2019：8］に基づいて筆者作成．

制度である［厚生労働省・都道府県労働局・労働基準監督署 2022：1］．ここで，特に懸念されるのは，「異次元の量的緩和」ならぬ，「異次元の労働時間規制緩和」と呼ばれるほどの，働き手の健康を考えた労働時間の歯止めの弱さだ．これまでも，自分で労働時間を決めることができるような高位の管理監督者については，1 日 8 時間を超えても割増賃金（残業代）はつかないとされていた（労基法第 41 条）．だが，ここでは午後 10 時から午前 5 時までの深夜割増賃金は必要になる．また，「裁量労働制」では，休日労働，深夜労働には割増賃金が必要で，休憩の規定も適用される．これと比べると，その異様さが際立つ［竹信 2019：33］．

　このように，裁量労働制や高度プロフェッショナル制度は，既述したように業務量の多さから際限のない長時間労働の温床になる可能性が高まる側面があるといえよう．

ILO の労働時間関連の条約に全て批准していない日本

　日本は労働者の権利を守る ILO 条約の批准が，先進国の中で際立って少ない．中でも 1 号条約（1 日 8 時間，週 48 時間制）をはじめ，47 号条約（週 40 時間制）など労働時間関係の条約については 17 のうち 1 つとして批准されていない［斎藤 2010：53］．このような状況は，先進国としては異例のものである．それでは，なぜ日本はこのような状況になっているのだろうか．日本企業は「終身雇用」があるので景気が悪いときに解雇しにくく，そのため繁忙期も人を増やさず固定メンバーによってやりくりしなければならないという理由のもと，一定限度なら労使協定を結べば残業をさせてもいいというやり方をとってきた[7]［竹信 2019：17］．

　この協定は，三六（さぶろく）協定と呼ばれる．具体的には，労働基準法第 36 条に定めている時間外及び休日の労働についての労使協定のことである．労働基準法では労働時間，休日について 1 日 8 時間，1 週 40 時間，そして 1 週間で少なくとも 1 日または 4 週 4 日以上の休みの原則を定めている．そのため，これを超えて残業や休日出勤をさせる場合には労働者の過半数で組織する労働組合（ない場合は過半数を代表する者）と会社が「三六協定」を結ぶ必要がある．労働時間の延長時間の限度は，1 カ月 45 時間，1 年間 360 時間（休日労働

の時間数は含めない）である．ただし，限度時間を超えて延長しなければならない特別の事情が生じたときに認められる特別条項付き三六協定がある[8]．この特別条項付き三六協定は，行政指導があるのみで残業時間の上限は事実上なかった．しかし，その後「働き方改革を推進するための関係法律の整備に関する法律」が成立し，臨時的な特別の事情があって労使が合意する場合でも，年 720時間以内，複数月平均 80 時間以内（休日労働を含む・年間 6 カ月まで），月 100 時間未満（休日労働を含む）を超えることができなくなった[9]．ところが，一方で，厚生労働省などが認定する過労死といった脳・心臓疾患による死亡に至る労働時間の基準に，上記で定められた三六協定の時間が追随するほど類似した時間になっていることは，見逃してはならない．具体的には，発症前 1 カ月間におおむね 100 時間または発症前 2 カ月ないし 6 カ月間にわたって，1 カ月当たりおおむね 80 時間を超える時間外労働が認められる場合は，業務と発症との関連性が強いと評価できることとなっている［厚生労働省・都道府県労働局・労働基準監督署 2020：6］．

　このように，ILO の労働時間関連条約に日本が批准していない理由の 1 つは，以上のような経緯があるためと考えられる．したがって，日本が労働時間関連条約に批准するためには，このような長時間労働を生じさせる課題を解決する必要に迫られている．

長時間労働と人間関係

　職場の人間関係は，モチベーションひいては生産性にも重大な影響を与えていると考えられている．日本企業における人間関係は協調的な性格を有し，かつては，国際競争力が高まった要因の 1 つとして考えられていた［佐藤 2012：1070；佐藤 2021：81］．ところが，それは一方で，長時間労働を引き起こす要因の 1 つとも考えられている．たとえば，内閣府の調査「ワーク・ライフ・バランスに関する個人・企業調査　報告書」［2014］で，残業を行っている従業員に対する上司及び同僚の評価を調査したところ，残業時間が長ければ長いほど，「頑張っている人」「責任感が強い人」といった高評価を得ているという結果になった．

　したがって，このような日本企業を取り巻く諸状況に今後どのように向き合

うかは，喫緊の課題であるといえよう．

③ 持続可能性を視野に入れた ESG 投資と ISO30414 の意義

　ここでは，今後の持続可能な社会におけるディーセント・ワークを考えるうえでの取り組みの事例として，ESG 投資と ISO30414 の 2 つを取り上げたい．

ESG 投資

　ESG 投資は，従来の財務情報だけでなく，環境（Environment）・社会（Social）・ガバナンス（Governance）要素も考慮した投資のことを指す．特に，年金基金など大きな資産を超長期で運用する機関投資家を中心に，企業経営の持続可能性を評価するという概念が普及し SDGs と合わせて注目されている．その際，企業と投資家に対してそれぞれ行動規範が定められている．たとえば，企業の行動規範としては，東京証券取引所のプライム市場の上場基準になっているコーポレートガバナンス・コードでは，持続的な成長と中長期的な企業価値向上のため，将来的な市場や競合の状況，競争優位性，環境や社会の影響を見渡すことが必要とされている．それは，5 つの基本原則をはじめとした厳格な基準から構成されている［須田・森田 2022：60-61］[10]．基本原則は以下のとおりである．

　　　基本原則 1：株主の権利・平等性の確保
　　　基本原則 2：株主以外のステークホルダーとの適切な協働
　　　基本原則 3：適切な情報開示と透明性の確保
　　　基本原則 4：取締役会等の責務
　　　基本原則 5：株主との対話

　ディーセント・ワークの視点でこれをみていくと，とりわけ基本原則 2 において，人権の尊重，従業員の健康・労働環境への配慮，社内における女性の活躍促進を含む多様性の確保の推進などが求められている［東京証券取引所 2021］．
　ESG 投資の今後の課題としては，たとえば，ESG 投資の対象企業が，事実上プライム市場に上場している企業に限定されていることが挙げられる．こう

した事情は，上場基準を ESG の観点から厳しくすることによって，同市場の魅力を一層高めていくことに起因するのであるが，今後は ESG 投資の対象範囲をどのように拡げていくかを模索する必要があろう．

ISO30414

持続可能な社会に貢献するものとして期待されているもう1つの取り組みは，ISO30414 である．ISO（International Organization for Standardization：国際標準化機構）は，国家間の製品やサービスの交換を助けるために標準化活動の発展を促進することなどを目的に発足されたが，近年，製品の性能や評価だけでなくマネジメントやサービス，社会システムへと国際規格を拡大させ，人材マネジメントの領域でも国際標準を開発している．2018 年には，「人事・組織に関する情報開示」のガイドラインである ISO30414 を提示し，企業の人的資本の開示に示すべき内容を 11 領域 58 項目にまとめた．具体的には，組織の安全衛生と福利厚生もこの中に含まれている．また，ISO30414 は，事業のタイプ，規模，性質，複雑さにかかわらず，全ての組織に適用可能なガイドラインとしている[11][須田・森田 2022：74]．ISO のこのような取り組みは，ESG の対象企業よりも広い範囲の企業を対象としているので，その点では一定の効果が期待されるであろう．このような取り組みも持続可能な社会の実現に，大きな貢献を果たすものと考えられる．

お わ り に

本章では，ディーセント・ワークの実現について取り上げた．ILO によって提唱されたディーセント・ワークは，SDGs でも取り上げられることによって注目されている分野でもある．しかし，これまでみてきたように，たとえば日本における労働時間の実態についてみても，ディーセント・ワークとは程遠い状況にある．このような現実を見たときに，われわれは，どのような方策を考えていけばよいのか．そこで，その解決策の1つとして，たとえば，ESG の考え方がある．よりわかりやすくいえば，社会から承認されている企業が，投資対象になるというものである．もちろん，ESG 投資の対象企業でなくても

健全経営を行っている企業は存在する．しかし，企業によって引き起こされている不祥事が後を絶たないのは，法律以外に企業を規制するものが弱いことによるところも大きい．したがって，今後，社会からの目が企業に継続的に向けられる仕組みを一層強化していく必要があろう．

注
1）「働きがい」を捉える際には，内発的動機づけ，組織的公正理論，目標設定理論などといったモチベーション理論も密接な関わりがあると考えられている［佐藤 2019：23-29］．
2）厚生労働省「ディーセント・ワーク（働きがいのある人間らしい仕事）について」（https://www.mhlw.go.jp/seisakunitsuite/bunya/hokabunya/kokusai/ilo/decent_work.html，2022 年 8 月 30 日閲覧）．
3）厚生労働省「日本と ILO」（https://www.mhlw.go.jp/stf/seisakunitsuite/bunya/hokabunya/kokusai/ilo/index.html，2022 年 9 月 1 日閲覧）．
4）注 2）に同じ．
5）外務省「SDGs とは？」（https://www.mofa.go.jp/mofaj/gaiko/oda/sdgs/about/index.html，2022 年 9 月 1 日閲覧）．
6）外務省「持続可能な開発目標（SDGs）と日本の取り組み」（https://www.mofa.go.jp/mofaj/gaiko/oda/sdgs/pdf/SDGs_pamphlet.pdf，2022 年 9 月 1 日閲覧）．
7）厚生労働省「『時間外労働の限度に関する基準』の見直し関係」（https://www.mhlw.go.jp/new-info/kobetu/roudou/gyousei/kantoku/dl/091214-1_02.pdf，2022 年 8 月 30 日閲覧）．
8）厚生労働省「職場のあんぜんサイト」（https://anzeninfo.mhlw.go.jp/yougo/yougo54_1.html，2022 年 8 月 30 日閲覧）．
9）厚生労働省「時間外労働の上限規制」（https://hatarakikatakaikaku.mhlw.go.jp/top/overtime.html，2022 年 8 月 30 日閲覧）．
10）経済産業省「ESG 投資」（https://www.meti.go.jp/policy/energy_environment/global_warming/esg_investment.html，2022 年 7 月 24 日閲覧）．
11）日本産業標準調査会「ISO の概要」（https://www.jisc.go.jp/international/iso-guide.html，2022 年 8 月 30 日閲覧）．野村総合研究所「ISO30414（人的資本に関する情報開示のガイドライン）とは」（https://www.nri.com/jp/knowledge/glossary/lst/alphabet/iso30414，2022 年 8 月 10 日閲覧）．

参考文献
岩出博［2014］『従業員満足指向人的資源管理論』泉文堂．
黒田兼一［2018］『戦後日本の人事労務管理——終身雇用・年功制から自己責任とフレキシブル化へ——』ミネルヴァ書房．

厚生労働省［2019］「裁量労働制実態調査　結果の概況」（https://www.mhlw.go.jp/
　　toukei/list/dl/171-1/gaiyou.pdf，2022 年 8 月 6 日閲覧）.

厚生労働省・都道府県労働局・労働基準監督署［2020］「脳・心臓疾患の労災認定　『過労
　　死』と労災保険」（https://www.mhlw.go.jp/new-info/kobetu/roudou/gyousei/rousai/
　　dl/040325-11.pdf，2022 年 8 月 30 日閲覧）.

───────［2022］「高度プロフェッショナル制度　わかりやすい解説」（https://www.mhlw.
　　go.jp/content/000497408.pdf，2022 年 7 月 27 日閲覧）.

斎藤智文［2010］『世界でいちばん会社が嫌いな日本人』日本経済新聞出版社.

佐藤健司［2012］「ヒューマン・リレーションズ」，見田宗介顧問　大澤真幸・吉見俊哉・
　　鷲田清一編『現代社会学事典』弘文堂.

───────［2019］「モチベーション理論に基づく人的資源管理」，労務理論学会誌編集委員
　　会編『働き方改革と「働きがい」のある職場』晃洋書房.

───────［2021］「日本企業における人間関係──メンバーシップ型雇用とジョブ型雇用
　　の視点から──」，同志社商学編集委員会編『同志社商学』72（5）.

須田敏子・森田充［2022］『持続的成長をもたらす戦略人事──人的資本の構築とサステ
　　ナビリティ経営の実現──』経団連出版.

竹信三恵子［2019］『企業ファースト化する日本──虚妄の「働き方改革」を問う──』
　　岩波書店.

東京証券取引所［2021］「コーポレートガバナンス・コード──会社の持続的な成長と中
　　長期的な企業価値の向上のために──」（https://www.jpx.co.jp/news/1020/nlsgeu
　　000005ln9r-att/nlsgeu000005lne9.pdf，2022 年 8 月 1 日閲覧）.

内閣府［2014］「ワーク・ライフ・バランスに関する個人・企業調査報告書」（https://
　　wwwa.cao.go.jp/wlb/research/wlb_h2511/9_insatsu.pdf，2021 年 1 月 15 日閲覧）.

労働政策研究・研修機構編［2022］「データブック国際労働比較 2022」（https://www.jil.
　　go.jp/kokunai/statistics/databook/2022/documents/Databook2022.pdf，2022 年 7 月
　　1 日閲覧）.

（佐 藤 健 司）

第
11
章

情報通信ネットワークの課題

は じ め に

　いまや通信ネットワークは，個人の利便だけでなく，社会のインフラとしても欠かせないものになっており，ひとたび通信が止まればさまざまな損害が発生する．一方で，そもそも自由にインターネットが使える環境にない人々もいる．SDGs の目標でいえば，9「産業と技術革新の基盤をつくろう」や，16-10 にある「だれでも情報を手に入れられる」とかかわる問題である．

　誰でも，いつでも，ネットワークおよびネット上のサービスが安心・快適に利用できるために，何に留意し，どんな取り組みをしていく必要があるか．ここでは近年の事例をいくつかピックアップして考えてみる．

[1] 社会インフラの維持

　2022 年 7 月 2 日 1 時 35 分頃，KDDI の通信サービスで障害が発生．西日本は 3 日の 11 時頃，東日本は 17 時 30 分頃に「復旧作業」は終了したものの，その後も通信しづらい状況が続き，「復旧完了」を発表したのは 5 日の 15 時 36 分であった．なお，公式には流量制限を解除した 7 月 4 日 15 時までの 61 時間 25 分間を障害の影響時間としている．この障害により，約 2278 万人の音声通信，765 万人以上のデータ通信に影響が出た．[1]

　障害の影響は，110 番・119 番の緊急通報ができない，電子チケットが表示できないといった「スマホが使えなくて困る」というレベルにとどまらなかった．アメダスのデータが取れない，貨物列車が遅延する，バス停での接近表示

案内ができない，自動車のコネクティッドサービスが利用できない，店舗外ATM が利用できないなど，幅広い業種の業務やサービスで障害が報告された。[2)]「携帯電話ネットワーク」が企業を含めた社会インフラとなっていることが明らかになった件であった．

　社会インフラとなった通信ネットワークにおいて，大規模・長期間にわたる障害を防止することは重要課題である．総務省に報告される「重大な事故」は，基準（サービス内容，影響利用者数，継続時間によって決まる）が明確にされた平成27 年度から令和 2 年度までのデータで，少ない年でも 3 件，多い年は 8 件もある．[3)] 2021 年には NTT ドコモで 29 時間 6 分にわたって利用しづらい状況が続き，約 460 万人の音声通話，830 万人以上のデータ通信に影響が出た。[4)]

　KDDI の障害のきっかけとなったのは，機器交換作業で古い手順書を参照したことによる設定ミスであった．NTT ドコモの場合は，更新した設備に不具合が発覚して切り戻しをする際に，その手順が適切に認識されていなかったことが長期化の要因であった．障害の発生リスクは，減らすことはできてもゼロにはならない．障害が発生した場合のことを想定して，影響を最低限にできるように対応を確認しておく必要がある．今回の事例で KDDI は，輻輳状態への考慮不足が大規模化・長期化の要因であったと認めている．

　障害が発生した場合，迅速な復旧に努めるのは当然であるが，鉄道における振替輸送のように，利用者の不都合を最低限にする代替手段を提供する仕組みも必要である．通信分野では大規模災害時に契約者を問わず Wi-Fi 接続できるファイブゼロジャパンがあるが，今回のような一事業者の障害に対するフォロー体制はない．今回の障害を受けて，東日本大震災後に検討されたものの見送りとなっていた緊急通報のローミングについて，各事業者が前向きに動き出している。[5)] ローミングは，他社のネットワークと相互接続契約を結び，自社のネットワークにアクセスできない場所でも通信できるようにする仕組みである．ただし，結局は自社側の処理が必要なため，今回のようなコア部分の障害時には使えない可能性もある．むしろ「SIM なし緊急通報」を利用できるようにすべきという指摘もあるが，電話番号がないと「呼び返し」ができないという法律上の壁がある。[6)] 政府の今後の対応に注目したい．

　また，携帯電話が使えないことで，公衆電話の存在価値にも注目が集まった．

通常時における公衆電話の利用は減少の一途をたどっており，総務省では 2022 年 4 月 1 日から一般公衆電話の設置基準を緩和し，必要台数を減らした．その代わりに，避難所等に設置する災害時用公衆電話をユニバーサルサービスに位置付けるとしている[7]．しかし，災害時用公衆電話は，今回のような災害以外による大規模通信障害のことを想定したものではない．社会として，電話というインフラをどう考えるのか．必要なサービスレベルをどこに置き，それをどう実現・維持してもらうのか．あらためてさまざまな状況を考えて検討する必要があるだろう．

2 　サービスの寡占化リスク

2021 年 6 月 8 日，CDN サービスのファストリーで障害が発生．49 分以内に 95％が復旧したものの，影響を受けた企業や政府機関のサイトは数千件，損失は 1500 億円とも言われる[8]．

原因となった CDN（Contents Delivery Network）とは，コンテンツをコピーしたサーバを分散配置し，利用者を自動的に近くのサーバに誘導する仕組みである．負荷を軽減しレスポンスを向上する利点があり，これ自体は利便性を高めるものである．問題は，そのサービスを限られた企業が一手に引き受けているため，障害が起きた場合に多数のサイトに被害が出ることにある．今回の障害でも，政府系，メディア系，e コマース系，さらには広島大学やスペース X 社など，国や業種を問わず幅広く影響を受けた[9]．2022 年 9 月時点のリバースプロキシサービス（CDN 以外の利用法も含む）のシェアは，クラウドフレアが 79.7％と圧倒的で，今回障害が起きたファストリーは第 2 位の 7.0％，これに第 3 位のアマゾン・クラウドフロント 5.8％を加えると，わずか 3 社で 9 割を超えている[10]．

限られたプロバイダーへの集中がインターネットにとってリスクであるということは，2019 年のインターネット協会（ISOC）のレポートですでに指摘されていた[11]．そこでは CDN に限らず，インターネット利用に必須の DNS などでも寡占が進んでいることが示されている．クラウドサービスのインフラにおいても，アマゾンの AWS，マイクロソフト，グーグルの 3 社で 65％を占め[12]，2019

年に AWS 東京リージョンで大規模障害が起きた際も，多数の企業が影響を受けた．

　今回の障害に際し，一部の企業は他社の CDN サービスに移行することで対応した．普段から複数のサービスと契約しておくとなるとコストが課題であるが，今回の事例を受けてマルチ CDN を提供する業者も出てきている[13]．しかし，AWS 等のクラウドサービスの場合はそれぞれに高度なサービス内容を提供しており，他社サービスの臨時利用は困難である．利用者側は，停止のリスクをある程度想定し，停止中はどのように業務を行うのかを考えておくことも必要である．

　べつの観点として，クラウドサービスにおいては，ドメイン名が表す国とサーバの実際の場所が異なるという問題もあらわになったと言える．たとえば法的な問題が出てきた場合，適用されるのは原則としてサーバの所在地の法律である．リスクを意識するなら，不利益が出ないよう契約で工夫する，国内サービスを確保する，などの対応も検討する必要があるだろう．

3 ネットワークの中立性

　2022 年 3 月 4 日，米通信大手のコージェント・コミュニケーションズが，ロシアの通信業者トランステレコムとのインターネットおよび携帯電話の接続を遮断した．コージェントはインターネットの基幹となる通信回線を保有する Tier 1 と呼ばれるクラスの事業者であり，そこがみずから通信を遮断するのは前代未聞であった．コージェントの CEO は遮断に踏み切った理由を，ロシアのウクライナ侵攻に絡んで「ロシアが偽情報を広めたり，サイバー攻撃を仕掛けたりするために，自社の通信網を利用することを防ぐ」と説明している[14]．

　ロシアに対してさまざまな制裁措置が行われるなか，インターネットを遮断するのもその一環として当然と思うかもしれない．しかし，インターネットの理念は誰もが自由に利用できることであり，むしろロシアや中国が市民の自由なアクセスを制限することが批判されてきた．ウクライナ政府は世界のドメイン名を管理する ICANN に，ロシアに割り当てた .ru ドメインへのアクセスを無効化するよう要請したが，ICANN は「インターネットへの広く妨げのない

アクセスこそ，プロパガンダや偽情報の拡散を防ぐことができる」と答えて拒否している．しかし，コージェントのように独自の判断で通信を遮断することは，誰にも禁止する権限はない．「開かれたインターネット」の理念が試される事態が起きているのである．

　一方，通信事業者も一企業である以上，今回のような政治的な問題に限らず，自社の判断でサービス内容を変えて何が悪い，という考え方も存在する．従来，インターネットの運用は「ネットワーク中立性」に支えられてきた．インターネット通信のパケットは，さまざまな事業者の回線を渡っていく．その際に，ユーザーやコンテンツ，アプリ，端末等で通信パケットを差別せず，公平に扱うということである．しかし，米国ではオバマ政権が規定として明文化しようとしたが，トランプ政権の 2017 年には逆に連邦通信委員会が廃止案を承認，2022 年には復活を目指す法案が提出されるなど，考え方は割れている[15]．

　利用者が増加し，コンテンツも動画など大容量のものが増えてくると，通信量が増大してすべての利用者に快適な通信を提供することが難しくなる．それならば，ニーズに応じてサービスレベルに段階を設けるのは自然なことであるし，その際の料金がレベルに応じたものになるのも不思議はない．しかし，多くの利用者の満足度を上げるための取り組みであればよいが，利潤追求のために恣意的に差をつけるようになると，自由で開かれたインターネットの理念が崩れてくる．特定の会社のコンテンツ以外をブロックする，追加料金を払った会社のサービス以外は低速に抑える，というようなことが行われれば，自由な競争も阻害されかねない．

　日本では 2019 年に総務省が研究会を設けて議論をしているが，基本的には公平性重視，優先制御は自動運転や遠隔医療など命にかかわる分野に限定する方向である[16]．とはいえ，なにをもって「公平」とするのか，どこまで法的に規制ができるのかは，今後さらに詰める必要があるだろう．

$\boxed{4}$ 衛星ネットワークと宇宙天気

　2022 年 2 月 3 日，スペース X 社が，衛星インターネット通信網スターリンクのための人工衛星 49 基を打ち上げた．その翌日，磁気嵐が到来した影響で

地球大気が膨張し，最大 40 基（38 基）が予定軌道に到達できないまま，大気圏に再突入して失われることとなった．[17] 宇宙天気のリスクの大きさが示された事例である．

　人工衛星などを使った非地上系ネットワーク（Non-Terrestrial Network: NTN）は，ケーブルの敷設が難しい地域でも容易に通信環境が提供できる技術として注目されている．高度 20 km 程度の成層圏プラットフォーム（HAPS）から，3 万 6000 km の静止軌道衛星まで，実現形態はさまざまだが，スターリンクの場合は 550 km の低軌道に最終的に 1 万 2000 基を打ち上げ，地球上のあらゆる場所で常に通信ができるようにする「衛星コンステレーション」計画である．ウクライナでは戦争開始後に 1 万 5000 台のスターリンク端末が送られ，インフラが切断されても政府や市民の通信環境が確保できることになった．[18]

　一方で，人工衛星は障害が起きた際の復旧が容易ではない．今回の衛星墜落はあくまで打ち上げ直後だったために起きた事例で，運用中の衛星が影響を受けたわけではないが，もっと強い磁気嵐が地球を直撃する可能性もある．100 年に 1 回程度の規模を想定した最悪のシナリオでは，電波通信そのものが困難になるほか，多くの衛星が故障し，あるいは 2 週間にわたって機能が制限され，太陽電池の劣化や軌道の低下で寿命が短くなり，低軌道衛星の多数は大気圏に突入して失われると予想されている．[19] 衛星コンステレーションは衛星数が圧倒的に多いため，故障や攻撃で一部が失われた程度なら問題なく通信の維持が可能であるが，地球規模の事象では全滅の可能性もある．もちろん，このレベルになると地上設備にも被害が出る可能性が高く，有線なら心配ないというわけではないが，光ファイバー自体は電磁的影響を受けないため，予防対策や復旧の面で有利だろう．無線 LAN が普及しても，通信が安定した有線 LAN がなくならないように，どこでも衛星通信でできるから光ケーブルは必要ない，とはならない．むしろ，できる限りケーブルを敷設し，残りの地域を衛星で補完するのが現実的ではないか．また，臨時の通信確保という点では，航空機や気球を使い，専用の端末が不要な HAPS が有利であり，技術の確立に期待したい．

　被害軽減のため，太陽活動を監視して磁気嵐等の到達を予測する「宇宙天気予報」の取り組みも進んでいるが，その精度はまだ十分ではない．今回のス

ターリンク衛星の場合，予測される磁気嵐を避けて打ち上げたはずだったが，プラズマが 2 つに分かれて到達したため，タイミングがずれたと分析されている[20]．また，正確に予測できても，影響を防ぐことができなければ意味がない．大地震が起きて地上のネットワークが壊滅したとしても，それは局地的なものであり，また衛星ネットワークがあれば簡単に補える．しかし，巨大太陽フレアが起きて強烈な磁気嵐が地球を襲った場合，衛星ネットワークは壊滅し，地上の設備も広く破壊される可能性がある．そこまで想定して対策を立てられるだろうか．

おわりに

　今や社会にとって不可欠になった通信ネットワークについて，いつでも誰でも利用できるものであるために，どのような課題があるかを見てきた．結局のところ，障害や災害自体はゼロにはできないものであるから，いかに被害を小さくするかが重要である．今回取り上げなかったリスクとしては，意図的に通信サービスを害しようとするサイバー攻撃もある．サービスを提供する側は，さまざまな脅威を想定して予防策を講じるだけでなく，障害発生時の対応についてきちんと確認しておく必要がある．利用者側も，ネットワークが使えない状況を想定し，どう乗り切るかを考えておくべきである．

　重要インフラを，誰の責任でどう整備・維持するのかということも，考えていく必要があるだろう．現在のインターネットは，ある意味，善意で支えられているのだということを忘れないでほしい．つながり続けるための努力を評価し，支援する社会でありたい．

注

1）KDDI 株式会社「2022 年 7 月 2 日に発生した通信障害について」2022 年 7 月 29 日付ニュースリリース（https://news.kddi.com/kddi/corporate/newsrelease/2022/07/29/6183.html，2022 年 9 月 22 日閲覧）.

2）piyokango「KDDI の通信障害についてまとめてみた」（https://piyolog.hatenadiary.jp/entry/2022/07/03/022446，2022 年 9 月 22 日閲覧）.

3）総務省「電気通信サービスの事故発生状況」（https://www.soumu.go.jp/menu_

seisaku/ictseisaku/net_anzen/jiko/result.html，2022 年 9 月 22 日閲覧）．

4）NTT ドコモ「通信障害の対応状況に関する説明会」2021 年 11 月 10 日（http://ngt.
idc.nttdocomo.co.jp/20211110_10.pdf，2022 年 9 月 22 日閲覧）．

5）「ローミング 大手 3 社前向き」日本経済新聞，2022 年 9 月 14 日朝刊．

6）佐野正弘「『ローミング』は通信障害の救世主になり得るか？ 実現に立ちはだかる
"3 つの壁"」（https://www.itmedia.co.jp/news/articles/2207/29/news094.html，2022
年 9 月 22 日閲覧）．

7）総務省「ユニバーサルサービスとしての公衆電話の見直し」（https://www.soumu.
go.jp/main_sosiki/joho_tsusin/universalservice/02kiban03_04000791.html，2022 年 9 月
22 日閲覧）．

8）「大規模システム障害，世界数千件に影響 1500 億円損失も」日本経済新聞，2021 年
6 月 9 日付（https://www.nikkei.com/article/DGXZQOGN08FC50Y1A600C2000000/）．

9）piyokango「fastly の CDN で発生したシステム障害についてまとめてみた」（https://
piyolog.hatenadiary.jp/entry/2021/06/09/162850，2022 年 9 月 22 日閲覧）．

10）「Usage statistics of reverse proxy services for websites」（https://w3techs.com/
technologies/overview/proxy，2022 年 9 月 22 日閲覧）．

11）「Consolidation in the Internet Economy」（https://future.internetsociety.org/2019/，
2022 年 9 月 22 日閲覧）．

12）「グローバルのクラウドインフラ市場は AWS，マイクロソフト，Google の寡占が強ま
り 6 割超に．2022 年第 1 四半期，Synergy Gropu と Canalys の調査結果」2022 年 5 月
16 日付（https://www.publickey1.jp/blog/22/awsgoogle620221synergy_gropucanalys.
html，2022 年 9 月 22 日閲覧）．

13）CTC「複数のコンテンツ配信ネットワーク（CDN）を利用した CUVIC Multi-CDN
サービスを提供」2021 年 11 月 10 日付プレスリリース（https://www.ctc-g.co.jp/
company/release/20211110-01369.html，2022 年 9 月 22 日閲覧）．

14）「分断するインターネット」朝日新聞 GLOBE 第 259 号，2022 年 7 月 17 日．

15）「ネット中立性の復活法案 米連邦民主党議員が提出」民放 online，2022 年 8 月 16
日付（https://minpo.online/article/post-165.html）．

16）「『動画見放題』ルールづくり」日本経済新聞，2019 年 2 月 21 日付朝刊．

17）"GEOMAGNETIC STORM AND RECENTLY DEPLOYED STARLINK
SATELLITES"，2022 年 2 月 8 日付（https://www.spacex.com/updates/#starship-update，
2022 年 9 月 22 日閲覧）．

18）松原美穂子「スペース X『スターリンク』がウクライナで証明した宇宙・サイバー・
電子戦での実力」新潮社フォーサイト，2022 年 7 月 6 日付（https://www.fsight.jp/
articles/-/48991，2022 年 9 月 22 日閲覧）．

19）「宇宙天気の警報基準に関する WG 報告：最悪シナリオ」宇宙天気予報の高度化の在
り方に関する検討会（第 8 回）2022 年 4 月 26 日（https://www.soumu.go.jp/main_

content/000811921.pdf）.
20）Kataoka, R. et al. "Unexpected space weather causing the reentry of 38 Starlink satellites in February 2022" 2022 年 3 月 25 日プレプリント（https://eartharxiv.org/repository/view/3208/）.

（小路　真木子）

第12章 組織の均衡，存続，進化

はじめに

今日まで，組織には実にさまざまな定義が与えられてきた．組織は，時には
ハコ（組織図）であったり，時には協働体系であったり，その他にも情報処理
システムや資源の束，生涯発達の場などの観点から捉えられ，分析されてきた
［金井 1999］．それぞれの組織観は，研究の目的や文脈に応じて形成されてきた
ものであり，当然のことながら，どの組織観が優れているかを論じることは不
可能である．

本書の通奏低音をなす共通テーマは「持続可能性」であり，本章においては，
組織の長期的存続をもたらす要因という視点から，組織について考察していく．
組織の存続に焦点を当てた研究群は自然体系モデル（後述）と呼ばれる．この
モデルは，組織を一種の有機体として捉えるため，組織は自然界の有機物と同
様に生物的反応，すなわち，均衡を維持する自己安定化作用や変化への適応的
反応を有する存在［岸田 2009；2019］としてみなされるのである．本章は自然
体系モデルの代表的な学説を紐解きつつ，組織の長期的存続（持続可能性）につ
いて論じていく．

1 合理的モデルと自然体系モデル

伝統的な組織理論の分析枠組みとして，組織を，合理的モデル（rational
model）と自然体系モデル（natural model）とに分類し，解釈する方法がある．
前者は，特定の目的を最大限能率的に達成するための手段・道具としての組織

であり，公式化された明確な分業体系，規則，手続き，階層（命令・指揮系統）などに基づいて機械的に設計される．テイラーの科学的管理やフォード・システム，ウェーバーの官僚制組織などが代表的理論である．合理的モデルにおいては，あらかじめ設計された能率的な組織構造が，不確実性を有する人間行動を規制し合理化することで，組織全体として能率的な目的達成が可能となる．後者は，社会的集団としての組織であり，組織が，組織を構成する諸個人の多様な心理的要因やそれらの相互作用，さらには組織を取り巻く社会的環境に従って有機的に形成されていく側面が強調される．メイヨーの人間関係論やバーナード理論，制度理論などがこのモデルに分類される．自然体系モデルでは，組織目的の能率的達成を絶対視するわけではなく，人間的・社会的要因，人間行動の日々の積み重ねの産物として，目的や手段も変化していき，それに応じて組織も変化していくという立場をとる¹⁾．

　非常に対照的な特徴を持つ2つのモデルであるが，合理的モデルへの批判は比較的容易に想像される．金銭的報酬のみによる人間の操作化（経済人モデルへの批判）や徹底した能率追及による非個人性の要求などである．とりわけ官僚制組織がもたらす逆機能については根強い批判がなされた．マートン［1957］によれば，官僚制には意図された結果である顕在的機能と意図されなかった結果としての潜在的機能が存在するとされる．顕在的機能とは，規則順守による行為の予想可能性の向上が組織の能率性をもたらすものである．しかしながら潜在的逆機能は，本来目的を能率的に達成するための手段であった規則順守が，自己保身という目的に変化してしまう過程を意味する（同調過剰）．徹底された分業（専門化）による個々の職務変化に対しての適応能力の欠落や競争の不在による怠業（集団圧力）などが同調過剰の原因として指摘されている．同調過剰は，組織の硬直化をもたらし，さらには組織と組織への社会的要求との間に軋轢や乖離を生じさせてしまう．

　上記のような批判は，一見すると全般的に妥当なものと思われるが，必ずしもそうではない．経営学説は，時代時代の要求を反映し，社会的に認められた学説が代表的理論となりうる［岸田 2009］からである．合理的モデルが主流派理論とされた時代は，工場制機械工業，近代資本主義の勃興期であり，その時代においては何よりも合理的な生産システム，管理体系が求められていたので

ある．科学的管理や官僚制理論以前には，合理的な管理システム・組織構造は，ほとんど考えられてこなかった．すなわち，合理性が必要とされた時代背景が存在したために，合理的な組織理論も必要とされたのである．

　また，合理的モデルと自然体系モデルのメリット・デメリットは相互補完的なものでもある．程度の差こそあれ，組織において一定レベルの公式的な分業や手続き，階層が存在しない組織は協働体系（後述）として機能しえない．個々の人間の情報処理能力には限界があり，同時に意思決定能力にも限界がある［限定合理性：Simon 1958］．そのため，人間行動（組織成員の行動）の指針となる組織構造が必要となる．そして，指針に基づき繰り返された意思決定と人間行動は，組織構造をより合理的なシステム，すなわちルーティンとして定着・強化していくのである[2]．

　加えて，自然体系モデルは，人間の主観，社会性，自由裁量などを基盤・原動力とした組織モデルであるが，これらの要因のみを組織生成の主たる起源および組織存続要因とするのは困難である．何らかの根本的な枠組み（共通目的や手段の一致）が，組織成立・存続の前提として存在しなければ，いかに人間が多数集合したとしても，それは単なる，烏合の衆・集合的な無秩序でしかない．個別ならびに不規則に，不確実な人間の意思や行動が存在するのであれば，組織の目的達成も組織の柔軟な変化も考えられないからである．したがって，合理的モデルは，組織構造の基礎的な枠組みと言える．

　とはいえ繰り返しになるが，過度な合理性・能率性の徹底的な追及は，組織の硬直化をもたらす要因となりうる．合理的モデルと自然体系モデルとの分類は，あくまでも理念的・理論的なものであり，どちらかが優れているというものではない．どちらかが機能的であるか否かは，あくまでも，状況依存的である[3]．

　但し，本書のテーマである「持続可能性」においては，組織の安定性（均衡）ならびに存続・発展が重要視される．合理的モデルは一律的な方法論を提唱する理論であり，組織を取り巻く今日のあらゆる動態的な状況変化に対応することは困難であると思われる．次節からは，自然体系モデルの論理に従って（自然的な発生と発展，均衡），論を進めていくこととする．

2 組織均衡論

『経営者の役割』(1938) を著したバーナードは，組織成員を単なる1つの機械的な歯車とはみなさず，目的や貢献意欲を有する社会的な存在として位置づけた．そして組織を，個人レベルでは達成が困難な目的を克服するために必要な，「2人以上の意識的に統合された活動と諸力の体系」，いわゆる協働体系として定義づけた．この定義は，組織論において最も著名な組織定義であり，ここでは組織成員は多様な意欲・動機を持つ存在であり，組織はそれらの集合体となる有機的な体系とされる．そして，協働体系を成立させ，機能させ，存続（均衡）させていくことこそが，経営者の役割となる．

感情の論理

ここで，労働者を多様な感情を有する存在（社会人モデル）として捉える契機となったホーソン実験と初期の人間関係論について，簡単に紹介しておく[4]．電話の部品機器製造を行っていたウェスタン・エレクトリック社のホーソン工場において，1924年，照明度と作業能率との関連性についての実験が行われた．一定の照明強度で作業を行う集団と照明度を定期的に変更する2つの作業集団とによる，作業能率・生産性の比較分析である．当初の予測では，照明強度を増加させれば，作業能率もそれに応じて増加すると考えられていたが，結果として，2つの作業集団は照明の変化に関わらず，同様の生産性の増加傾向を示す報告が提出された．加えて，照明以外の物理的な作業条件（休憩時間や報酬制度の変更など）の操作を行ったが，それでも2つの作業集団の生産性は同様の増加傾向を示し続けたのである．

物理的な作業条件の変化が生産性に影響を及ぼさないのであれば，何が生産性に影響を及ぼすのか．ここで，ハーバード大学のメイヨーを中心とする調査チームが実験を主導することとなった．しかしながらこの追加実験においても，各種の物理的な作業条件と生産性との関連性は見いだされなかった．そこでメイヨーは，管理者の監督方法に着目し，監督方法を指示的なものから，労働者の感情や自発的な会話に配慮したものに変更した（面接計画）．

　この調査の結果，労働者の作業環境に対する認識は，労働者の日常生活・社会生活における感情が反映されていることが明らかとなった．この結果は，労働者が不満を抱くと考えられる特定各種の物理的作業条件のみを取り出し，そこから生産性を操作しようとすることは困難であることを意味している．作業現場の内外における社会的要因の変化が，生産性の増減に影響していると解釈される必要がある．

　また，メイヨーは作業メンバー間において自然発生的に生じる，非公式組織の存在も重要視していた．連続的な組立を行う作業集団に集団奨励給の賃金制度が提示された．いわゆる出来高制度のため，メンバー間の協力関係の構築が促進されることで生産高も向上すると考えられていたが，生産高は想定されたものより低かった．公式化された規則とは別個に，非公式的な独自の集団規範の存在が原因とされる．作業メンバー間の良好な人間関係を維持するために，生産高の自己制限が設定されていたのである．他にも，作業仲間が不利益を被らないようにするためのいくつかの規範が確認された．いくら組織を公式化しても，組織成員の感情を完全にコントロールすることは困難である．

　一連のホーソン実験の結果・分析から，組織成員は感情の論理を有する社会的な存在とみなされ，社会的な存在によって構成される組織もまた有機的な性質を有する存在と解釈されることとなったのである．

バーナード理論──協働体系としての組織──

　本節の冒頭で述べた通り，ニュージャージー・ベル電話会社の社長であったバーナードは，組織成員を多様な意欲を有する有機的な個人とみなし，組織内部の能率や管理構造，技術といった要件を主要な議論対象とはせず，組織を生きた協働システムとして定義した．

　バーナードは「２人以上の意識的に統合された活動と諸力の体系」が成立するための３要件として ① 貢献意欲，② 共通目的，③ 伝達（コミュニケーション）を挙げている．３者は相互依存的な関係にある．まず，組織成員一人ひとりの貢献意欲がなければ，「活動と諸力の体系」は機能しえない．経営者は，個人の貢献意欲を促進させ得る誘因を提供しなければならない．なぜなら，個人的な動機を上回るような誘因が存在しなければ，個人は自らの機会を放棄して組

織目的の達成に貢献しないと考えられるからである．組織の存続には，組織目的の達成（有効性）と個人的欲求の充足（能率性）の両者が必要とされる．さらに，本来は異なる個人目的と協働システムの目的ではあるが，共通目的の明示化によって，共通目的の実現が個人目的の達成につながるような意志付けが必要となる．そして，経営者は多様な欲求をもつ人々を，コミュニケーションを通じて，誘因と共通目的を提示し，組織成員に浸透させることで協働へと導かなければならない．

　合理的モデルにおいては，非公式組織の存在は組織の能率を阻害する要因とされるが，バーナードは，非公式組織の有効な活用方法についても論じている．人間関係論の主張と同様に，日常的な相互交流は，公式組織とは異なった規範を確立させ，それらは，人々の社会的欲求を充足させるものである．公式組織と非公式組織を機能的に両立させることが必要である．

　その他にもバーナードは，権威受容説や無関心圏の存在など，組織が維持（均衡）されていくための興味深い理論を展開している．

3 制 度 理 論

　バーナードにおいては，個人的な動機の充足と協働体系の目的達成との均衡が主に論じられてきた．加えて，組織と組織を取り巻く社会的環境を考慮することも，組織の適応や存続にとって重要である．社会的環境が組織に与える影響について論じられた研究群は，制度理論と呼ばれる．

　制度理論は，セルズニック［1949］による TVA（テネシー河流域開発局）の意思決定プロセスの研究に始まったとされる．この事業には多様なステークホルダー（7つの州の連邦補助カレッジの学外事業部，農業組合連合，富農層など）が関わっており，TVA は彼らを意思決定プロセスに取り込む（co-optation）ことで，事業を円滑に進めようと目論んだ．しかしながら，結果として当初の計画は大幅に変更されることになった．自然保護と土地の公衆活用が主たる目的であったが，むしろ自然破壊や富農層が利益を得ることとなったのである．セルズニックはこのプロセスを，単なる道具としての組織に，さまざまな社会的要件，社会的欲求が組み込まれた結果として，組織は社会的に制度化されたと論じた．

組織を運営・維持していく際には，社会的環境の影響から逃れることは困難である．

　マイヤーとローワン［1977］は，組織の安定・存続について，社会からの正当性の獲得に着目した．社会的環境からの影響は，世論や法律，専門機関などの意見に基づいて形成され，制度的規則として具体化される．組織は制度的規則に従うことによって，正当性を獲得することとなる．ただし，制度的環境とは，あくまでも，社会全般から幅広く合理性や規範，適切性を有する方法や規則と想定的に思い込まれている（支持されている）信念体系であり，制度的環境が必ずしも正当なものとは限らない．制度的規則は，その存在が社会から自明視されている（taken for granted）ことによって擁護される．

　正当性の獲得は，一般的な社会性の獲得という意味合いをもち，組織の同型化をもたらす．ディマジオとパウエル［1983］は，権威や規則から生じる強制的同型化，不確実性が他組織の模倣を促がす模倣的同型化，専門職ネットワークの規範から生じる規範的同型化，という 3 つのメカニズムを指摘した．

$\boxed{4}$　組織化の進化モデル

　制度理論は，社会的正当性の獲得という目的に応じた制度的規則に従うことで，組織の存続が可能になると主張する．しかしながら，制度的規則は完全に合理的なものではないし，やみくもに社会的環境に適応しようとすれば，組織は環境に対して単なる従属的な存在となり（マクロ決定論），組織の発展が阻害されてしまう可能性もあり得る．進化プロセス学派の代表的論者であるワイク［1977；1979；1995；2003］は，環境とは多義的であり，組織や個人にとって一律的で客観的に存在するものではなく，あくまでも行為や認知を経た上での主観的な産物と主張する．制度理論が主張する，客観的に外在する一貫的に自明視された社会的環境は存在しないとされる．環境を把握するためには，組織や個人が行為し，多義的な環境を回顧的に解釈し，環境に対して，独自の意味づけが行われなければならないとされる．ワイクにおける組織観は，環境に対してより能動的で，その行為と解釈によって常に変化を志向する動態的なものである．一般的な管理体系である plan ⇒ do ⇒ see ではなく，do ⇒ see ⇒ plan な

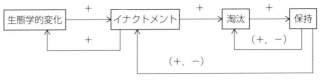

図 12-1　組織化の進化モデル

(注) +は信頼する.　−は信頼しない
(出所) Weick [1979：邦訳 172].

のである [岸田 2014].　そして,　組織や個人にとって有意味な環境解釈による
絶えざる組織の再編成の結果,　組織の意味は常に進化的に変化していくのであ
る.

　以下では,　ワイクが提示した,　組織化の進化モデルのメカニズムを概観して
いく.

　第1に,　生態学的変化とは,　組織がこれまで経験してきた環境における変化,
経験の流れのなかの不連続,　違い,　注意をひきつける変化 [Weick 1979] であ
る.　この変化によってイナクトメントが行われる.

　第2に,　イナクトメントとは,　錯誤についての判断を行わない,　純粋な試行
(行為) [Weick 1977] である.　行為によって,　環境における雑多な生データが生
産され,　処理すべき環境情報へと導かれる.

　第3に,　淘汰では,　処理すべき環境情報が過去の錯誤に基づいて,　回顧的に
ある要素は除去され,　ある要素間は因果的に結び付けられ,　対応すべき必要な
情報として意味づけられる (多義性の一義化).　環境変化の多義性の把持と除去
である.

　第4に,　保持過程においては,　現実の因果関係として紡ぎ出された実現環境
が保持される.　しかしながら,　因果関係の確立は普遍的なものではなく,　(生
態学的変化がゆえに) 同時に不確実性をも生じさせる.　実現環境は,　イナクトメ
ントと淘汰に,　つまり「行為と錯誤に信頼すべきか否か」というフィードバッ
クを問いかけ続ける.　組織化の進化モデルは,　環境変化に対応した,　進化的変
化を志向する動態的なものなのである.

お わ り に
——組織の持続可能性に向けて——

　以上，自然体系モデルの代表的理論を概観してきた．人間関係論において，労働者は感情の論理を有する社会的な存在と位置付けられた．バーナード理論においては，個人動機と組織（協働システムの目的）とを均衡させる理論が展開された．制度理論では，社会的な正当性に基づく組織設計が求められた．そして，組織化の進化モデルでは，環境変化に応じた積極的な行為と環境解釈による動態的な組織観，絶えざる組織編制が必要とされた．

　これらの理論はいずれも「組織の持続可能性」というテーマにおいて，重要な示唆を与えてくれる．いわゆる老舗企業の歴史は，上記の理論体系によって，その存続の要因が説明されうるかもしれない．「伝統と革新」というフレーズは，必ずしも理論と現実に当てはまるものではない．とはいえ，組織の存続には，個人と組織と社会環境との均衡，ならびに進化プロセスが重要であることに変わりはない．これらを考慮し，行為し，判断する経営者の存在が求められる．

注
　1）岸田［2019］は，合理的モデルにおいては，合理的な組織構造が能率的な人間行動をもたらし，自然体系モデルでは，人間行動が組織過程（意思決定，リーダーシップ，コントロール，統合・調整，コミュニケーション，コンフリクト解決，業績評価・報酬システム，部門間パワー）をもたらすことが前提とされていると指摘している．
　2）このシステムは，合理性と自然体系の循環モデルと捉えることが可能である．
　3）状況変数を考慮に入れた合理的な組織構造の設計理論として，コンティンジェンシー理論（状況適合理論）がある．主な環境要因（内部環境を含む）は，技術，規模，課業環境と中核技術，不確実性などである．
　4）ホーソン実験・人間関係論については，岸田・田中［2009］の整理を参考とした．

参考文献
〈邦文献〉
金井壽宏［1999］『経営組織』日本経済新聞出版社．

岸田民樹［2013］「組織論から組織学へ」『経済科学』60（3），pp.1-23.

───［2019］『組織学の生成と展開』有斐閣.

岸田民樹編著［2014］『組織学への道』文眞堂.

岸田民樹・田中政光［2009］『経営学説史』有斐閣アルマ.

桑田耕太郎・田尾雅夫［2010］『組織論　補訂版』有斐閣アルマ.

渡辺深［2007］『組織社会学』ミネルヴァ書房.

〈欧文献〉

Barnard, C. I［1938］*The Function of the Executive, Cambridge,* Mass: Harvard University Press（山本安次郎・田杉競・飯野春樹訳『経営者の役割　新訳版』ダイヤモンド社，1968年）.

DiMaggio, P. J. and Powell, W. W.［1983］"The Iron Cage Revisited: Institutional Isomorphism and Collective Rationality in Organizational Fields," *American sociological review,* 48, pp.147-160.

Meyer, J. W and Rowan, B.［1977］"Institutionalized Organization：Formal Structure as Myth and Ceremony," *The American Journal of Sociology,* 83(2), pp.340-363.

Scott, R. S.［1995］*Institution and Organizations,* Sage Publication（河野昭三・板橋慶明訳『制度と組織』税務経理協会，1998年）.

───［2001］*Institution and Organizations* 2nd edition, Sage Publication.

Selznick, P.［1949］*TVA and the Grass Roots,* University of California Press.

───［1957］*Leadership in Administration,* Harper and Row（北野利信訳『組織とリーダーシップ』ダイヤモンド社，1963年）.

Weick, K. E.［1977］"Enactment Processes in Organizations," in B. M. Staw and G. R. Salancik（eds.）, *New Directions in Organizational Behavior,* St. Clair Press.

───［1979］*The Social Psychology of Organizing*（2nd ed.）, New York; Tokyo: McGraw-Hill（遠田雄志訳『組織化の社会心理学［第2版］』文眞堂，1997年）.

───［1995］, *Sensemaking in Organization,* Sage Publications（遠田雄志・西本直人訳『センスメーキング　イン　オーガニゼーション』文眞堂，2001年）.

───［2003］"Enacting an Environment: The Infrastructure of Organizing," *Debating Organization: Point-Counterpoint in Organization studies,* R. Westwood and S. Clegg（eds.）, Brackwell.

（高橋和志）

<table>
<tr><td>第
13
章</td><td>高等学校学習指導要領の変遷から見る
日本人の英語教育の流れ
──現場での英語教育に従事してきた視点からの考察──</td></tr>
</table>

はじめに

　著者は今まで，英語教員として高校での英語教育に34年間，短期大学での英語教育に5年間携わってきた．その間に高等学校学習指導要領の幾多の改正を受けた外国語の学習指導要領の下，英語学習の目標を達成すべく教壇に立ってきた．また英語担当の指導主事として京都府教育委員会で学習指導要領に準じた英語指導の具現化に向けて現場指導に従事してきた．

　本章では，自己の高校時代（昭和46年から昭和48年）の生徒として受けた授業の振り返りを皮切りに，昭和58年から平成20年までの英語教員そして英語指導主事として英語教育に従事した視点で，学習指導要領外国語（英語）の目標について，その変遷と現場でのその具現化に向けての実践を振り返り，持続可能な日本の社会のために，これからの英語教育はどこに向かって行こうとしているのか，またどこに向かって行くべきかを考察する．

1　高等学校学習指導要領外国語の目標にみる英語教育の流れ

昭和31年高等学校学習指導要領（改訂版）及び昭和45年高等学校学習指導要領（昭和48年4月施行）

　著者が高校時代に外国語（英語）を学んだ時代（昭和46年から48年）の高校時代，今から半世紀前の学習指導要領外国語の目標及び英語の目標は，以下のようになっている．

昭和31年度学習指導要領外国語編改訂版

　　第1章　外国語の目標

　外国語科は外国語の聞き方，話し方，読み方および書き方の知識および技能を伸ばし，それをとおして，その外国語を常用語としている人々の生活や文化について，理解を深め，望ましい態度を養うことを目標とする．

　「第一外国語」は次のことを目標とする．

（1）おもな機能上の目標

a　現代の外国語を聞いて理解し，読んで理解する技能を伸ばすこと．

b　現代の外国語を話したり，書いたりする技能を伸ばすこと．

（2）おもな教養上の目標（省略）

昭和45年高等学校学習指導要領（昭和45年4月施行）

　　第7節　外国語

　　第1款　目標

　外国語を理解し表現する能力を養い，言語に対する意識を深めるとともに，国際理解の基礎をつちかう．　このため，

1　外国語の音声，文字および基本的な語法に慣れさせ，聞き，話し，読み，
　書く能力を養う．

2　外国語を通して，外国の人々の生活やものの見方について理解を得させる．

　　第2款　各科目

　　第1　初　級　英　語

　目　　標[1)]

（1）　英語の音声および初歩的な語法に慣れさせ，聞く能力および話す能力の
　　基礎を養う．

（2）　英語の文字および初歩的な語法に慣れさせ，読む能力および書く能力の
　　基礎を養う．

（3）　英語を通して，外国の人々の生活などについて，基礎的な理解を得させる．
　　外国語を理解し表現する能力を養い，言語に対する意識を深めるとともに，
　　国際理解の基礎をつちかう．

　ここで注目したいのは，昭和31年度，昭和45年度の外国語の目標では4技能の習得が言及されているが，聞くこと，話すことが読むこと書くことに先行して記述されていることである．これがどのような意味合いを持っているかはそれぞれ第一外国語，初級英語の科目目標を見るとそのことが透けて見えてくる．つまり昭和31年学習指導要領では理解面では聞くことが，読むことに先んじて記述され，表現面では，話すことが書くことより先んじて記述されている．また昭和41年度版では，外国語の目標の中に音声，基礎（初歩的）な語法に慣れさせることを述べていると同時に，第1款では，4技能（聞くこと，話すこと，読むこと，書くこと）の内，聞く能力及び話す能力が先頭に書かれ，また第2款の初級英語では，聞く話す能力が，明確に読むこと，書くことに優先して（1）に記述されている．これは，著者が高校時代においても，すでに指導の在り方として，音声と語法に慣れさせて，聞く力，話す力の養成を第一義的に促している感が見られる．しかし，著者の高校時代の英語の授業の中心は，19世紀のヨーロッパで，生徒にギリシャ人やローマ人の文学の読み方を教えるために使われていた文法訳読式の英語教授法であったように記憶している．ただ，このことを以て，当時の現場での英語教育を批判するつもりは毛頭ない．当時はそれで大学入試に十分に対応できたし，そのことが高校で英語を学ぶ主な目標の1つであったことは社会風潮的にも否めないし，第一に当時の英語の教科書も訳読式指導を念頭において作成されていた教科書がほとんどであったように記憶している．

　当時，まだ塾はそれほど地域に浸透していなく，大学受験生の間では，英語の通信添削が流行ったが，Ｚ会，オリオン，旺文社の通信添削教材も訳読式や英作文の問題の添削教材がメインだったと記憶している．英語を聞いて話す能力の育成は，この学習指導要領外国語（英語）の目標に掲げてある（2）の読むこと，書くことの能力にすり替わっていることに何の抵抗も感じなかったし，気づきもしない世の中の風潮であった．所謂，英語を聞き話すことができるということが，超越した能力を持つかけ離れた人間のなせる技であり，当時の高校生にとっては，必要性も感じなかった．ましてや劣等感なんていうものはとうてい湧かなかった．これは，著者だけでなく同世代のほとんどの高校生も同じであった．英語教師の側も生徒の進路実現のために訳読式の舵をとるのも当

然のこととして慣行されていた．しかしながら，海外との取引をする産業界や海外からの知識や日本人の文化交流等においては，聞くこと，話すことの力の養成の要請があったことはこの学習指導要領から伝わってくる．産業社会から望まれる実践的な能力と一般世間の風潮から望まれる短絡的な能力とのギャップがそこにあったが，あまり課題視されない時代であった．

昭和53年高等学校学習指導要領（昭和57年4月施行）

著者が，一般公務員から府立高校の英語の教員（京都府立久御山高等学校）として教壇に立った時に施行されてた学習指導要領 は先に述べた昭和45年のものが改訂され，以下の通りになっている．

第7節 外 国 語

第1款 目 標

外国語を理解し，外国語で表現する能力を養うとともに言語に対する関心を深め，外国の人々の生活やものの見方などについて理解を得させる．

第2款 各 科 目

第1 英 語 Ⅰ

1 目 標[2]

事柄の概要や要点をとらえながら英語を聞き，話し，読み，書く基礎的な能力を養うとともに，英語を理解し英語で表現しようとする態度を育てる．

ここで昭和45年から技能面で大きく変わったのは，第2款の科目Ⅰの目標における4技能の記述が統合され，英語を聞き，話し，読み，書く能力が一並びに記述されていることである．所謂，4技能の統合的，調和的な能力の育成が求められ，英語を聞き，話す能力を第一義的な能力養成として示唆してきたことからの大きな変更点であり，当然の結果として，4技能を統合した能力の育成を目指す教科書が意識的に作成されるようになった．

しかし，これは英語を聞く力，話す力の養成をあきらめたのではなく，むしろそれらの2能力を伸ばすための策であったと考える．この背景には，英語を聞き，話す能力を第一義的に養成する姿勢からの成果が乏しく，訳読式を中心とした授業が継続して行われてきている対策として，その現状を逆手にとって，

読み書き能力の中に聞き話す能力を統合して聞く力，話す力を付けようとするものであったと推測する．

　その根拠として，文科省は聞く力，話す力を生徒に付けさせるために，英語教員のバランスのとれた英語能力の育成と教授能力の育成を強く求める政策に力を入れるようになった．たとえば1977年（昭和52年）に発足したMEF制度（Monbusho English Fellow）である．これは，英語の聞くこと，話すことの効果を実質的に目に見える形で高めることを目標として，英語を話す外国人を英語指導主事助手として採用し，英語教員や英語指導主事の意識改革と指導の改革を図る制度である．このMEF制度で招致された英語指導主事助手は，1977年の発足時はわずか9名であったが，1986年の10年間で235名となっている．またこのMEF制度の後に続くJETプログラム（The Japan Exchange and Teaching Program：語学指導を行う外国青年招致事業）が1987年に開始されている．令和元年度でその数7万661人の外国人が語学指導に当たっている．また文科省は，中学校，高校の日本人の英語教師にも話す力，聞く力さらに身につけさせ，4技能のバランスを意識した授業の中で，聞く力，話す力を付ける授業展開ができるよう求めていたように思う．著者も1987年に文科省後援の「Japanese Teachers Intensive English Communication Program」アメリカでの語学研修に，京都府教育委員会の推薦により参加したり，MEF制度の終盤の年に京都府教育委員会主催の英語教員指導者養成講座に京都府総合教育センターで研修を受け，特に聞く，話す能力における自己の能力向上と指導能力の向上の研修に参加した．

　今振り返れば，このような英語教育の流れの中で研修を受けていたことを実感している．また，この学習指導要領の下，京都の公立高校では英語コースを設置する学校が出てきたことも見逃せない影響である．

　いずれにしても，昭和53年高等学校学習指導要領は，英語4技能を統合する中で，聞き，話す能力の育成に本腰を入れて動き始めた日本の英語教育の転換期を表す学習指導要領となった．

平成元年高等学校学習指導要領（平成6年4月施行）

　昭和53年度の聞く力，話す力を4技能統合の中で育んでいくものになって

いたが，平成元年の学習指導要領では，4技能をさらに理解する力（聞く力，読む力）と表現する力（話す力，書く力）に分けて標記している．またここで初めてコミュニケーションという言葉が使われている．

　　第8節　外　国　語
　　第1款　目　　　標
　　外国語を理解し，外国語で表現する能力を養い，外国語で積極的にコミュニケーションを図ろうとする態度を育てるとともに，言語や文化に対する関心を高め，国際理解を深める．
　　第2款　各　科　目
　　第1　英　語　I
　　1　目　　　標 3)
　　話し手や書き手の意向などを理解し，自分の考えなどを英語で表現する基礎的な能力を養うとともに，積極的にコミュニケーションを図ろうとする態度を育てる．

　この平成元年の学習指導要領の中にも，聞く力，話す力が表立って書かれてはいないが，この行間には，実社会で直接に英語を使って外国人と触れあう能力が求められていることが読み取れる．その根拠となる表現として，後半の積極的なコミュニケーションの態度を表記している．要するに訳読式英語の更なる脱却をさらに強く求め，社会で即戦力となる使える英語の習得を求めていたように思う．

　著者の2校目の赴任校（京都府立鳥羽高等学校）でも，JET プログラムによる府教委から派遣された勤務校常駐の AET（Assistant English Teacher：英語指導助手）が配属され，AET とほぼ毎日 Team Teaching の授業に取り組み，英語の授業は Team Teaching が全盛期を迎えようとしていた．

　また現場の英語教員の聞く力，話す力を養成するために文部科学省主催の海外語学研修に地方自治体も積極的に現場教員を参加させていた．著者も文科省主催のイギリスのノッティンガム大学での英語研修に 1995 年に京都府教委の推薦をいただき参加している．この英語研修もこの学習指導要領の主旨を具現化させるためのものであったと回顧している．

平成 10 年高等学校学習指導要領 （平成 11 年告示，平成 15 年 4 月施行）

　この学習指導要領の特徴は，なんと言っても下記の外国語の目標に見られるようにコミュニケーションについて形容詞（実践的な）を付ける等，一層の強調をした学習指導要領になっていることである.

　　第 8 節　外　国　語
　　　第 1 款　目　　標
　　　外国語を通じて，言語や文化に対する理解を深め，積極的にコミュニケーションを図ろうとする態度の育成を図り，情報や相手の意向などを理解したり自分の考えなどを表現したりする実践的コミュニケーション能力を養う.
　　　第 2 款　各　科　目
　　　第 3　英　語　I
　　　1　目　標[4]
　　　日常的な話題について，聞いたことや読んだことを理解し，情報や考えなどを英語で話したり書いたりして伝える基礎的な能力を養うとともに，積極的にコミュニケーションを図ろうとする態度を育てる.

　外国語の目標に 2 度も記述されているコミュニケーション（積極的にコミュニケーションを図ろうとする態度の育成，実践的コミュニケーション能力の育成）の記述がされている背景には，国が中学校，高等学校そして英語教育界全体の総力を挙げて，日本人が社会で即戦力として英語を駆使して国際社会に対応しようという熱意と必要性に迫られている状況が感じられる.
　著者は，この学習指導要領が告示（平成 11 年）され施行（平成 15 年）に至る翌年までの間，京都府教育委員で英語担当の指導主事として京都府総文科合教育センター及び学校教育課で，この対策の計画（現場英語教員研修計画等）と学校現場での対策の具現化に向けての現場の英語教員の研修の実施，訪問指導と奔走した. 著者自身も平成 12 年に指導主事の英語コミュニケーションを付けることを狙いとした文部科学省主催の海外英語研修にオーストラリア・シドニー大学での英語研修を命じられ参加している. さらには，高等学校の英語の動向と少し離れるが，この時期，小学校の英会話活動も総合的な学習の時間を中心に実施されるようなってきたことを受け，小学校教員への府総合教育センターで

英語研修講座を開講したり，小学校の現場へ出前授業に奔走したことも，この学習指導要領の趣旨，バックグラウンドに透かして見える時代の強い要請の流れを感じている．

　その一方，現状では，日本人の多くが，英語力が十分でないために外国人との交流において制限を受けたり，適切な評価が得られないといった事態の解決むけての成果が目に見える形で現れてなかった．このために文部科学省は日本人に対する英語教育を抜本的に改善する目的で，平成14年に「英語が使える日本人」の育成のための戦力構想を作成し，翌年，下記のごとく「英語が使える日本人」育成の目標を発表している．

　　「英語が使える日本人」育成の目標
　　　○　日本人に求められる英語力
　　　　目標
　　　　国民全体に求められる英語力
　　　　「中学校・高等学校を卒業したら英語でコミュニケーションができる」
　　　　　・中学校卒業段階：挨拶や応対，身近な暮らしに関わる話題などについて平易なコミュニケーションができる（卒業者の平均が実用英語技能検定（英検）3級程度）
　　　　　・高等学校卒業段階：日常的な話題について通常のコミュニケーションができる（卒業者の平均が英検準2級～2級程度 ）
　　　　専門分野に必要な英語力や国際社会に活躍する人材つに求められる英語力
　　　　「大学を卒業したら仕事で英語が使える」
　　　　　・各大学が，仕事で英語が使える人材を育成する観点から，達成目標を設定

　まさに国を挙げて社会実践で英語が使える日本人の育成を，社会全体にアクションプランとして具体的に示した今までにはないものである．この戦略構想の背景には，経済・社会のグローバル化に伴い目に見えて日本人の英語力に危機感を感じていることが感じられるが，同時に幾度の中学校・高等学校の外国語の指導要領を改訂し実践的コミュニケーション能力を高めようとしている中で，その成果が十分に得られていないことに対する学校現場の英語教員と各都

道府県の英語指導主事への叱咤（激励？）の感を著者自身，英語指導主事として持ったことを覚えている．

2 これからの英語教育

　本章では，著者の高等学校時代から京都府立高等学校英語教員および京都府教育委員会英語担当の指導主事として携わってきた英語教育に関する視点から，昭和 31 年高等学校学習指導要領（改訂版）から平成 10 年高等学校学習指導要領（平成 15 年 4 月施行）の目標および平成 15 年文部科学省発表の「英語が使える日本人の育成の目標を通してみた英語教育の変遷をまとめてみた．

　この間，学校現場の現状と国，社会の英語教育に対する要求との間にある本来あるべきでない見えない壁，たとえば大学入試問題の変わらぬ読むことと，書くことに偏った出題に対する教育現場の対応等がある現実の中で，各時代の社会から求められている英語能力の育成を目指して英語教育の目標を掲げ，学校教育の現場で浸透させようと，政府，都道府県，学校現場の英語教育関係者それぞれが奮闘，葛藤，努力をしてきたことは間違いのない事実である．

　学習指導要領における目標は，実のところ 4 技能の習得とその実践が英語を使う場面で実際に使える英語，コミュニケーションとしての手段となるものになるように，いつの学習指導要領においても表現は異なるものの，求めている能力は同じである．

　因みに，平成 30 年度 3 月に告示された新高等学校学習指導要領（2022 年 4 月より 1 年次に入学した生徒から適用）の外国語の目標の前文は，次のようになっている．

　　第 1 款　目　標
　　　外国語によるコミュニケーションにおける見方・考え方を働かせ，外国語によ，る聞くこと，読むこと，話すこと，書くことの言語活動及びこれらを結び付けた統合的な言語活動を通して，情報や考えなどを的確に理解したり適切に表現したり伝え合ったりするコミュニケーションを図る資質・能力を次のとおり育成することを目指す．（以下省略）

　この先，４技能を統括した中で，国際社会でコミュニケーションの手段として使える即戦力となる英語力と資質が求められていくことは，間違いないし，このことは，戦後の日本の英語教育の中で言葉の装飾的な表現は違うものの，本質的な能力および資質は変わっていない．それが今に至って変わらずに続いていることに，私達日本人は気づき，目覚め覚めなければいけないし，平成15年に出された「英語が使える日本人」育成の目標を今一度真剣に見つめることが必要であると考える．本当に国際社会で孤立してしまう前に，気づきと行動が持続可能な日本の社会に求められていると強く感じている．

注

1）英語 A 及び英語 B の目標では，（1）〜（3）の語句（初歩的な）が（基礎的な）に置き換わっている．

2）英語Ⅱでは，後半の「―英語を理解し英語で表現しようとする態度を育てる．」が，「―英語を理解し英語で表現しようとする積極的な態度 を育てる．」となっている．

3）英語Ⅱについての目標も英語Ⅰと同じである．

4）英語Ⅱについての目標は，英語Ⅰの目標の冒頭の表現「日常的な話題について，―」が「幅広い話題について，―」となっている．以下は同じである．

参考文献

ウェブサイト

国立教育政策研究所 教育研究情報データベース［2006］「学習指導要領の一覧」（https://erid.nier.go.jp/guideline.html，2022 年 8 月 11 日閲覧）．

文部科学省「「英語が使える日本人」の育成のための行動計画（抜粋）」（https://www.mext.go.jp/b_menu/shingi/chukyo/chukyo3/004/siryo/attach/1379996.htm，2022 年 8 月 11 日閲覧）．

（髙 橋　　弘）

第14章 経済成長論から見た持続可能な発展

は じ め に

　地球温暖化による気候変動は，世界に甚大な自然災害をもたらしている．その大きな被害から，最近では気候危機とも呼ばれている．先進諸国における重工業化がもたらした資源枯渇や地球温暖化の反省に立ち，現代社会では，自然環境と経済社会の両立が求められている．そして，環境と経済が貧困や差別などの社会問題にもつながっているとして，その持続可能性にまで視野は及んでいる．その結果，政府や企業だけではなく市民レベルでも，SDGs の実現が模索されている．

　しかし，環境と経済の両立可能性は決して自明な関係ではない．むしろ，過度な環境保護が，経済活動を抑制して，経済成長を鈍化するとして，産業界を中心とした根強い反対論が存在する．貧困にあえぐ労働者も，失業による経済状況の悪化を恐れて，環境政策に反対する．こうした中で生み出されたのが，持続可能な発展という概念である．つまり，汚染削減が経済成長を促すのであれば，政府・企業・市民は協調して，環境と経済の両立を目指すだろうというのである．この動きを後押しするには，環境政策が汚染を削減しつつ経済を成長させるメカニズムを明らかにする必要がある．今まで多くの基礎研究がこの研究課題に取り組んできたが，その成果が広く社会に知られることはあまりない．

　そこで本章は，第1節において，持続可能な発展から SDGs に至る経緯を振り返る．その上で，第2節では，初歩的な経済成長モデルを解説した上で，外部性効果を通じて，環境政策が持続可能な発展をもたらすメカニズムについて

議論する．最後に，本章の限界を指摘した上で，その結論を述べる．

1 持続可能な発展から SDGs へ

南北問題と環境問題

今や世界中で，持続可能な開発目標（Sustainable Development Goals: SDGs）の実現が叫ばれている．[1] 市民・企業・政府が，自然環境と社会経済の両立を目指すことは当然のことだとされる．しかし，今から数十年前まで，この考え方は一般的ではなかった．戦後復興による急速な工業化により，当時の先進諸国は目覚ましい成長を遂げたものの，公害問題が頻発していた．産業振興による生活水準の向上が優先され，自然環境の保全は二の次とされた．日本でも四大公害が社会問題化し，政府は公害対策基本法を制定することにより，その対策に乗り出していた．先進諸国で公害問題への対策が進む中，植民地支配から独立した発展途上国では経済成長が停滞し，死亡率の低下による人口爆発が，その傾向に拍車をかけていた．これらの国では，国民の暮らしを豊かにするべく，豊富な天然資源を積極的に採取・採掘し，重工業化による経済発展を希求していた．

1972 年になると，ローマクラブは「成長の限界」を公表した．この報告書は，大量消費により資源枯渇や環境汚染が深刻化すると，経済活動が徐々に縮小するだけでなく，健康被害による人口減少が起きてしまい，世界の経済成長はやがて限界点に到達してしまうと警告している．こうした状況に危機感を覚えた先進諸国は，国連人間環境会議（ストックホルム会議）において，自然環境の保全を主張したものの，経済発展を目指す発展途上国から反発を受けてしまう．環境保全の責任は，工業化を通じて現在の環境汚染を生み出した先進諸国にあり，発展途上国にその責任はないとされたからである．つまり，南北問題が環境問題にまで波及していたのである．この対立を解消する概念として生み出されたのが，持続可能な発展（Sustainable Development）である．1987 年，ブルントラント委員会が公表した報告書「Our Common Future」では，将来世代のニーズを満たす能力を損ねることなく，現役世代のニーズを満たす発展として，持続可能な発展が定義されている．これ以降，自然環境と経済成長の両

立を目指す動きが加速していく．

　1992年にリオデジャネイロで開催された地球サミットでは，持続可能な発展に向けた具体的な行動計画であるアジェンダ21が制定され，その基本原則がリオ宣言として明文化された．日本でも，1993年に公害対策基本法を統廃合する形で制定された環境基本法の第4条で，この理念が採用されている．この宣言で特筆すべきなのは，共通だが差異ある原則（Common but differentiated responsibilities）という概念が採用されたことである．これは，持続可能な発展という目標を，先進諸国と発展途上国が協力して共に目指すものの，その遂行責任に関しては，先進諸国と発展途上国の間で差を設けることを認めるという考えである．この考えの下，先進諸国と発展途上国が一丸となって，持続可能な発展を目指す機運が醸成された．1990年代の主な環境問題は，資源枯渇に加え，自動車の排気ガスによる酸性雨，フロンガスによるオゾン層破壊，大量生産・消費による廃棄物処理などであった．その為，省エネ普及，排ガス規制，フロンガス使用禁止，リサイクル推進などの環境対策が実行され，問題は解決へと向かった．しかし，1990年代に入り，新しい環境問題として懸念されたのが地球温暖化問題である．

地球温暖化問題と SDGs

　1990年代には，国連を中心にして地球温暖化問題への対応が議論されてきた．1997年，気候変動枠組条約第3回締約国会議（COP3）が京都で開催され，京都議定書が採択された．この議定書では，京都メカニズムと呼ばれる，二酸化炭素やメタンガス等6種類の温室効果ガス削減に向けた具体的な削減目標や達成方法が定められた．注目すべきなのは，締約国に対して個別に削減目標が義務づけられたことである．先進諸国全体では，1990年比で5.2％の温室効果ガスを削減することが目標とされた．しかし，共通だが差異ある原則の下，中国など発展途上国に対する削減目標が定められず，アメリカやロシアを中心として反発が起きた．なぜなら，当時の中国は，世界最大の温室効果ガス排出国であったからである．そのため，数度にわたる国際会議で調整と折衝が進められ，ロシアの批准により，2005年にようやく京都議定書が発効した．しかし，この間，地球温暖化は着実に進行していた．

　2013 年，気候変動に関する政府間パネル（IPCC）は，「第 5 次報告書第 1 作業部会報告書」において，1810 年から 2012 年にかけて世界の平均地上温度は 0.85 度も上昇したとし，地球温暖化に疑いの余地はないと結論付けた．当初は懐疑的であった市民・企業・政府もいたが，気候変動の影響により甚大化する自然災害を前にして，その対策の必要性が認識されるようになっていた．2014 年に国連が公表した「新国富報告書 2014」では，包括的な富（Inclusive Wealth）と呼ばれる，自然の価値を自然資本として計上した持続可能性に関する新指標が報告された．この報告書によると，地球温暖化を通じて，自然資本が世界で約 30% も減少する可能性があると指摘されている．こうした中，2015 年の国連持続可能な開発サミットにおいて，持続可能な開発目標（SDGs）が提唱された．これは，持続可能な発展に向けて，2030 年までに達成すべき 17 項目の目標から構成されている．従来の持続可能な発展は，自然環境と社会経済の両立可能性と持続可能性を重視していた．しかし，持続可能な開発目標は，この概念に差別・福祉・制度に関する項目を加えて，より包括的な内容へと統合されている．これは，発展途上国の抱える問題が，気候変動を通じて，環境と経済の関係に大きな影響を与えることが認識されるようになったからである．

　ここまでの議論から，両立困難であるとされた自然環境と経済成長の関係は，持続可能な発展を通じて，両立可能であると考えられるようになり，更には，持続可能な開発目標を通じて，途上国問題へも応用されるようになっている．その実現に向け，世界各地でさまざまな取り組みがなされている．しかし，経済成長が自然環境を損ねてしまうため，経済発展を犠牲にして環境保護を優先すべきであるとか，経済発展を優先して環境保護を犠牲にするべきであるという主張が今なお根強く存在する．ここで，自然環境と経済成長の両立可能性と持続可能性に関するメカニズムが明らかになれば，反対論者を説得し，SDGs 実現に向けた取り組みを後押しすることにつながる．そのため，内生的経済成長論に基づく基礎研究が必要とされるのである．

2 経済成長モデルと環境汚染

経済成長率とは

一般社会では，環境規制が経済成長を阻害するとよく主張される．経済成長により，生産活動が活発になると汚染の排出量が増加する．汚染排出量を削減するために，政府は環境規制を強化するだろう．企業の汚染削減費用が増加して，生産規模が縮小する．それゆえ，経済成長が鈍化し，失業率が増えるかもしれない．しかし，環境規制は，本当に経済成長を阻害するのだろうか[2]．経済成長は，国内総生産（GDP）の増加率として定義される．このGDPは，生産要素の増加により拡大する．生産要素は，工場や機械などの物的資本，労働力，研究開発による技術進歩を指す．更に，教育や健康水準が労働者の生産性を改善する人的資本，行政制度や道路などが企業の生産性を改善する公共サービス・公共資本も生産要素である．これらの生産要素が増加すると，GDPが拡大し，経済成長率は上昇する．このメカニズムを分析するのが，経済成長モデルである．環境と成長の関係を考察する前に，その基本的な考え方に触れておこう．

生産要素が，資本・労働・技術進歩のみである時，経済成長率は以下のように定式化される．

$$GDP \text{成長率} = (\text{資本分配率} \times \text{資本成長率}) + (\text{労働分配率} \times \text{人口成長率}) + \text{技術進歩率} \tag{1}$$

この（1）式において，人口成長が労働者数を増やすと考えている．資本分配率と労働分配率は，資本と人口の成長が，GDPの成長に何割ほど貢献するかを表わすウェイトである．この（1）式は，それぞれの生産要素が増えると，GDPが成長することを含意する．経済成長の基本モデルは，新古典派成長モデルとも呼ばれるソローモデルである．このモデルでは，技術進歩率は一定であると仮定される．つまり，時間が経過しても，社会の技術水準は向上しないことになる．これは，（1）式の右辺において，技術進歩率が0になることを意味する．分析を進めると，GDP成長率と資本成長率は人口成長率と等しく

なる．つまり，人口成長が経済成長を左右することになる．

　この結果は，工場や機械などの生産要素が乏しく，生産活動の大部分を労働力に依存している発展途上国によく当てはまる．しかし，先進諸国では，少子高齢化により，労働力は減少傾向にある．にもかかわらず，日本を除いた西欧先進諸国は，一定水準の経済成長率を維持している．これは，ソローモデルで一定と仮定された技術進歩率によるものである．先ほどの（1）式を書き直すと，以下を得る．

　技術進歩率＝GDP 成長率−（資本分配率×資本成長率）−（労働分配率×人口成長率）　　　　　　　　　　　　　　　　　　　　　　　　　　（2）

この（2）式は，ソロー残差と呼ばれる．技術進歩率が一定でない場合，経済成長率は人口成長率に加えて技術進歩率にも左右される．これは，たとえ人口が減少したとしても，イノベーションを促すことで，経済は成長可能であることを意味する．しかし，資本や労働と異なり，技術進歩に対応するマクロレベルの統計データは存在しない．そこで，（2）式のソロー残差が活用される．これは，GDP 成長率から（資本分配率×資本成長率）と（労働分配率×人口成長率）を差し引くと，その余りとして，技術進歩率を推計できるという考え方である．なぜなら，（2）式の右辺にある変数には全て対応する統計データが存在するからである．しかし，どのような要因が技術進歩率を左右するのだろうか．そのメカニズムを明らかにするのが，内生的経済成長論である．この理論を活用することで，環境と成長の関係を理解することができる．

外部性効果とは

　初期の研究は，外部性効果を明らかにした．さまざまな工業製品に欠かせない半導体は，その生産過程において，汚染物質を含まない純水が必要である．しかし，工場周辺における農地での農薬散布が地下水を汚染すると，純水が不足するため，半導体の生産量を減らさなければならない．半導体生産に関わっていない農家の行動が，工場の生産に間接的な悪影響を及ぼしている．これを外部性効果と呼び，汚染削減により環境の質が改善されると，企業の生産性が向上して，経済が成長する．[3] 先ほどの（2）式における技術進歩率を環境の質

の改善率に置き換えると以下を得る.

$$\text{GDP 成長率} = (\text{資本分配率} \times \text{資本成長率}) + (\text{労働分配率} \times \text{人口成長率}) + \text{環境の質の改善率} \tag{3}$$

この（3）式は, 環境の質が改善されると, 上記のメカニズムを通じて, GDP が増加することを含意する.

　環境の質は, 労働者の生産性を改善することでも, 経済成長を促す[4]. 労働者は, 教育を受けることにより, 汎用的なスキルに加えて専門的なスキルを獲得し, 教育を受けていない労働者と同じ時間だけ働いたとしても, 彼らよりも多くの成果を出すことができる. つまり, 生産性が向上しているのである. 学生や労働者は, 1 日 24 時間を, 労働・教育・余暇に振り分けて, 人的資本の蓄積に勤しんでいる. つまり, 以下の式が成り立つ.

$$\text{人的資本成長率} = \text{教育の生産性} \times \text{教育時間} \tag{4}$$

この（4）式では, 教育時間に加えて, 教育現場の生産性が人的資本の成長を高めると考えている. なぜなら, 充実した教育環境に加えて優れた教職員の下で学べば, より高い学修効果が得られるからである. ここで, 学校や大学周辺にある工場から大量の煤煙が排出されたとしよう. 当然, 周辺の環境は悪化する. これは, 教育の生産性が低下したとみなすことができる. なぜなら, 大気汚染による健康被害により, 教職員が欠勤する上, 屋外での教育活動が制限されるからである. 更に, 健康を害した学生が授業を欠席すると教育時間が減少する. たとえ授業に出席したとしても, 体調不良により集中力が低下し, 教育時間は実質的に減少する. この（4）式における人的資本成長率を, 人口成長率と等しい関係にあるとみなして, （3）式に代入すると以下を得る.

$$\text{GDP 成長率} = (\text{資本分配率} \times \text{資本成長率}) + (\text{労働分配率} \times \text{人的資本成長率}) + \text{環境の質の改善率} \tag{5}$$

つまり, 環境の質が改善すると, 教育の生産性と教育時間の増加により, 人的資本成長率が上昇し, 経済成長につながるのである. 加えて, （5）式の右辺第 3 項が表すように, 労働者だけでなく, 企業の生産性も改善することにより,

経済は更に成長する．人的資本は，教育水準だけでなく健康水準にも左右される．なぜなら，健康な労働者は不健康な労働者に比べて，長時間働くことが可能である上，疾病による欠勤も減らすことができるからである．その上，健康な労働者は寿命が長いため，定年退職後にも働くことができる．これは，経済全体の労働力が増加することを意味する．それゆえ，環境の質の改善が健康と寿命を向上させると，人的資本が蓄積されて，経済が成長することになる．

このように，外部性効果を考慮した場合，環境税を引き上げることにより，経済成長を促すことが可能である．なぜなら，環境政策による汚染削減が，環境の質を改善して，生産性の向上を促すからである．ここで，環境税は汚染削減だけでなく税収をもたらす．この税収を何か有効活用できないのだろうか．その答えが，公共投資と所得減税である．（1）式における技術進歩率を公共資本成長率に置き換えると以下を得る．

$$\text{GDP 成長率} = (\text{資本分配率} \times \text{資本成長率}) + (\text{労働分配率} \times \text{人口成長率}) + \text{公共資本成長率} \tag{6}$$

この（6）式は，道路や港湾などの公共資本により，企業の生産性が改善すると，経済が成長することを含意する．この公共資本の財源が，環境税収により賄われているとしよう．すると，以下を得る．

$$\text{公共資本成長率} = \text{公共資本の生産性} \times (\text{環境税率} \times \text{汚染増加率}) \tag{7}$$

ここで，（環境税率×汚染増加率）は公共資本成長率を表わす．政府が環境税率を引き上げると，環境税収が増加して，公共資本成長率が上昇する．これは，企業の生産性を高める為，経済成長率も上昇する．もちろん，汚染が減少すると，環境税収が低下し，公共投資がかえって減少する可能性がある．しかし，環境の質の改善が，直接，企業や労働者の生産性を上昇させる効果を考慮すると，結果的に，経済は成長するだろう．環境税が汚染削減に加えて減税や公共投資による経済成長をもたらす[5]．これは，環境税の二重配当仮説を応用したものである[6]．この税収は，所得税などの既存税の減税にも活用できる．一般的に，所得税率が上昇すると労働者の勤労意欲が低下し，労働時間を減らして余暇時間を増やすため，経済成長率は下落する．しかし，環境税収を所得減税の財源

に活用すれば，この効果を相殺することができる．それゆえ，経済は成長する
ことになる．

お わ り に

　本章では，持続可能な発展から SDGs へと至る経緯を簡単に振り返った上で，
汚染削減と経済成長の両立という持続可能な発展のメカニズムを，経済成長モ
デルを活用して，その本質を損なわずに平易な言葉で解説した．しかし，諸般
の事情により，言及する予定であった最近の研究動向については扱うことはで
きなかった．つまり，利潤効果や配分効果に関する内容を割愛した．その上，
紙面の制約から，その政策効果を高めるために必要不可欠な政治制度の質に加
えて，その発現に重要な役割を果たす余暇や社会的地位選好など家計の選好に
ついても言及できなかった．そのため，グローバリゼーションが持続可能な発
展に与える影響が重要な研究課題であることも指摘できずに終わった．本来言
及する予定であった内容に興味ある読者諸賢は，著者の研究用ホームページを
参照されたい[7]．

謝辞

　本研究は，科学研究費補助金（JSPS 科研費 19K13706，代表：濱口喜広）の助成を受け
た若手研究「持続可能な観光と環境政策——排出権市場と航空部門を含む観光経済モデル
の動学的分析——」及び科学研究費補助金（JSPS 科研費 22K13409，代表：濱口喜広）の
助成を受けた若手研究「国境税調整と二重規制が産業構造を通じ温室効果ガスと経済成長
に与える影響の動学分析」に基づくものである．記して謝意を表する．

注

1）持続可能な発展や SDGs に関しては，さまざまな専門分野が論じている．環境経済学
　におけるスタンダードな解説については，栗山・馬奈木［2020］等を参照せよ．
2）本章では，汚染削減と経済成長の両立可能性を持続可能な発展と見なしている．しか
　し，厳密には，汚染削減・経済成長・厚生改善の併存可能性を指す．ここで，経済厚生
　とは，家計の満足度である効用水準を経済全体で合計したものである．もっとも単純な
　ケースでは，消費水準・汚染水準・経済成長率により，経済厚生が定義される．たとえ
　汚染削減と経済成長が実現したとしても，それと引き換えに，消費水準が大幅に低下す
　れば，厚生が結果的に減少することはあり得る．環境の質が改善されて，一国経済が成

長したとしても，人々の消費水準が低下すれば，それは豊かな社会とは言えない．その
ため，厚生水準を考慮する必要がある．本章で持続可能な発展に言及する際，暗黙の内
に，汚染削減と経済成長に加えて厚生改善も満たされている．

3）たとえば，Bovenberg and Smulders［1995］，Smulders［1995］，Smulders and Gradus
　　［1996］等がある．

4）たとえば，Gradus and Smulders［1993］や van Ewijk and van Wijnbergen［1995］
　　等がある．

5）たとえば，Bovenberg and de Mooij［1997］や Greiner［2005］等がある．

6）この仮説については，若林・木村［2018］等を参照せよ．

7）「研究者情報データベース researchmap: 濱口喜広」（https://researchmap.jp/
　　yoshihirohmaguchi，2022 年 9 月 1 日閲覧）．

参考文献

〈邦文献〉

栗山浩一・馬奈木俊介［2020］『環境経済学をつかむ 第 4 版』有斐閣．

若林雅代・木村宰［2018］「炭素税と三重の配当論──温暖化対策はどうあるべきか──」
　　『電力経済研究』65．

〈欧文献〉

Bovenberg, A. L. and de Mooij, R. A. ［1997］ "Environmental Tax Reform and
　　Endogenous Growth," *Journal of Public Economics*, 63(2).

Bovenberg, A. L. and Smulders, S. ［1995］ "Environmental Quality and Pollution-
　　Augmenting Technological Change in a Two-Sector Endogenous Growth Model,"
　　Journal of Public Economics, 57(3).

Gradus, R. and Smulders, S. ［1993］ "The Trade-Off between Environmental Care and
　　Long-Term Growth ─ Pollution in Three Prototype Growth Models," *Journal of
　　Economics Zeitschrift für Nationalökonomie*, 58.

Greiner, A. ［2005］ "Fiscal Policy in an Endogenous Growth Model with Public Capital
　　and Pollution," *The Japanese Economic Review*, 56(1).

Smulders, S. ［1995］ "Environmental Policy and Sustainable Economic Growth," *De
　　Economist*, 143(2).

Smulders, S. and Gradus, R. ［1996］ "Pollution Abatement and Long-Term Growth,"
　　European Journal of Political Economy, 12(3).

van Ewijk, C. and van Wijnbergen, S. ［1995］ Can Abatement Overcome the Conflict
　　between Environment and Economic Growth?," *De Economist*, 143(2).

（濱 口 喜 広）

<table>
<tr><td>第
15
章</td><td>持続可能な社会に向けて
会計をとおして考える
──会計学授業の一考察──</td></tr>
</table>

は じ め に

　環境問題が叫ばれて久しく，2015年9月に国連総会で採択されたSDGs「持続可能な開発目標」(Sustainable Development Goals) を意識して活動していくことが重要視されている．企業も利益獲得のみでなく，地球環境などに配慮した経営を目指していかなければ，長期的な企業活動を継続することは困難であるといわれる．

　本章では，SDGsを意識した企業経営を支える人材の教育のために，会計学の授業をとおしてどのように取り扱うことができるのかを考察する．まず，経済環境が時代とともに変化するに伴い，企業の会計情報開示がどのように変化してきたのかを概観する．次に，現代の「持続可能な社会」を目指すことが重要となった状況において，企業の情報開示がどのようにあるかを整理する．最後に，持続的な社会に向けて会計教育ではどのような取り組みができるかを検討したい．

$\boxed{1}$　経済環境の変化と企業会計の変革

　古賀は，「企業会計のよりどころとなる理論的枠組みは，時代の変化とともに変化を遂げるとの時代認識が会計学研究の起点をなすものでなければならない」と指摘する［古賀 2019 : xx］．つまり，社会科学の1分野である企業会計もその背後に存在する社会的，経済的，法的・政策的要因によって大きく影響され，変容してきたものであるという．

　ここでは，1980年代から今日までの企業会計の変革について，古賀［2019］に依拠して概観する．古賀は武田［2008］が提示した，会計理論の方法論的基礎「対象－手段－結果－フレーム・オブ・レファレンス」に関連付けて整理している．「一般に理論を構成する場合，ある特定の『目的』が設定され，それに適合するように『対象』が選定され，その目的を達成するために必要とされる『手段』が求められ，その『結果』として情報の『真実性』なり『有用性』が達成される」［古賀 2019：xx］．企業会計の変革を4つに整理している．

① 第1の波：「ファイナンス市場経済」の発展と「時価会計」の台頭・拡充化
② 第2の波：「グローバル市場経済」の拡大による「会計基準の統一化」の促進
③ 第3の波：「知的創造・イノベーション」の加速化と「バリュー・レポーティング」の登場
④ 第4の波：「共創的価値社会」の到来と「統合レポーティング」の発展

　第1の波は，1980年代以降，それまでの製造業を中心とした「マニュファクチュアリング・ビジネスモデル」から，金融活動の役割が大きくなった「ファイナンス・ビジネスモデル」へと大きく移行した流れである．経済活動のグローバル化に伴うファイナンスの需要の拡大，為替リスクの増大，加えて情報技術の発展なども相まって金融派生商品（デリバティブ）などの新たな金融商品が増大し，従来の生産財（機械・設備など）を対象とした物的資源指向の経済（プロダクト型市場経済）から金融資源指向の経済へと「対象」の側面の変化があった．そのため，「プロダクト型市場経済－有形財（対象）－取引アプローチ（手段）－原価評価（結果）」に加えて「ファイナンス型市場経済－金融財（対象）－評価アプローチ（手段）－公正価値評価（結果）」という新たなモデルが提示された．その結果，時価会計が拡大し「原価と時価の二元化」という結果の変化が生じた［古賀 2019：xxi-xxii］．

　第2の波は，グローバル市場経済の拡大を背景とした会計基準の国際的統一化の流れである．欧州市場の統合化という海外グローバル市場の確立や経営の

グローバル化を契機として，グローバル・ファイナンス市場が拡大し，大きな「場の変化」が生じた．そのため，国際的な共通のファイナンス言語として国際会計基準（International Financial Reporting Standards）の重要性が増し，国内的単一基準指向から国内的・国際的多元基準指向へと重点シフトした．1990 年代中葉から 2000 年代初頭にかけて，日本の会計基準のグローバル化は「会計ビックバン」といわれる大きな変化をもたらした．「結果」を表示するための「手段」が大きく変わることとなった［古賀 2019：xxvi-xxix］．

　第 3 の波は知識創造・イノベーション経済の台頭によって，これまでの企業の主要な経営資源であった物的資源と金融資源以上に，インタンジブルズ（無形財ないし無形価値）の重要性が高まった流れである．製造業や商業において「規模の経済」の追求に綻びが顕著になり始めた中，新たな競争優位を求めてイノベーションが注目された．新たな価値創造の源泉となったのが，ブランド，経営力，顧客関係などの無形の資源やインタンジブル（知的資産）であった．これらの無形資源は，金額ベースで定量的に開示される財務情報で表せられるものではなく，定性的・非財務情報において開示されるものである[1]．よって，「結果」としての開示情報において，従来の財務情報に加えて「非財務情報」が拡充されることになる［古賀 2019：xxx-xxxii］．

　最後に第 4 の波は，共創的価値社会の台頭である．第 3 の波のように，情報が過大になると利用者にとって有用とは言えない．そこで，膨大かつ複雑化した財務情報と非財務情報を体系的に統合化することによって，企業レポーティングを効率的に簡素化することができる．また，この統合レポーティングを推進する環境要因として，気候変動など環境問題が見過ごせないものとなり，株主利益の最大化の視点を超えて広く地域社会貢献や環境・自然資源の保護を図る「共創的価値創造」の視点も重要視されている．ここでは，「対象」が社会や環境まで拡大し，「結果」としての開示情報において単に増大させるのではなく，重要な情報が適切にわかりやすく伝わるための効果的な統合のあり方が求められている［古賀 2019：xxxiv-xxxvi］．

　図 15-1 は，上記 4 つの波と企業会計の変革を古賀［2019］によってまとめたられたものである．

　このように，経済環境の変化によって企業会計の変革が迫られ，その基礎と

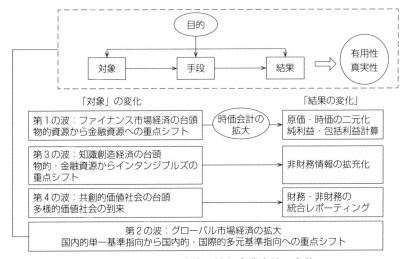

図 15-1　4つの変化の波と企業会計の変革

(原著注) 武田隆二 [2008] 方法論的基礎を参考に加筆・修正.
(出所) 古賀 [2019：xxi, 図表序—1].

なる会計理論の枠組みも変化してきた．会計学の授業では，「固定した決まったルール」という印象を持たれることが多いが，このような変化があり，これからも変化していく動的な学問であることの教授も重要であると考える．

2　日本における非財務情報の開示の変遷

　本節では，日本における投資家等に対する会計情報開示の変遷についてみていく．まず，1960 年代までの会計報告は財務情報を中心とした企業情報を投資家に開示していた．その後，1980 年代後半から，財務情報とは別個の企業情報（非財務情報）として「環境報告書」の開示が始まった．これは，環境保全のために企業がどのような投資をして，どのような成果があったのかを金額ベースだけでなく，取り組みの成果としての物量情報も開示したものである．

　2001 年 2 月に環境省は「環境報告書ガイドライン——環境報告書作成のための手引き——」を公表し，企業における環境マネジメントシステム，環境パフォーマンス（環境負荷低減のための取り組みの成果）の状況，環境会計情報等を

取りまとめた環境報告書の作成・公表の重要性を指摘している．その報告対象は，消費者，投資家，取引先，地域住民等の幅広い利害関係者（ステークホルダー）としている．

アメリカでは 1980 年代から 1990 年代にかけて，ESG 投資の源流ともいえる「社会的責任投資」（Social Responsibility Investment，以下「SRI」）が広がった．それは社会と環境面でポジティブな影響を与えながら，経済的なリターンを追求する優れた CSR（Corporate Social Responsibility：企業の社会的責任）経営を行っている企業に投資することであり，環境問題の顕在化や「トリプルボトムライン」が提唱されたことにより広がった［桑島・田中・保田 2022：61］．

日本で初の SRI ファンドとしては，1999 年に日興証券によって組成・販売された，環境改善に寄与する企業に投資する「日興エコファンド」がある［桑島・田中・保田 2022：61］．その後，SRI をテーマとした投資信託が本数と純資産残高も増えていった．2000 年代初頭から「CSR 報告書」の開示が始まり，「環境報告書」を「CSR 報告書」に含めて開示する企業が増加した．この情報開示において，一部の先進的な非財務報告では，付加価値分配や環境会計といった形で財務情報との関連づけがあったものの，多くは関連づけを意識せず非財務情報の開示にとどまっていた［日本公認会計士協会 2019：27］．

上述の環境省のガイドラインは，その後も状況の変化に応じて改定されており，2018 年版では「環境報告ガイドライン」として「書」の文字が削除されている．その背景として次のように述べられている．「環境報告ガイドライン（2007 年版までは「環境報告書ガイドライン」）は，伝統的に，環境報告書を，『名称や報告を発信する媒体を問わず，企業等の事業者が環境配慮等の状況を定期的に公表するもの』として，位置付けてきました．つまり，環境報告の開示媒体は，サステナビリティ報告書や CSR 報告書も含めて，全て環境報告書であるとの立場をとってきたのです」［環境省 2018：7］．このように，環境省の環境報告ガイドラインは，特定の媒体に限定するのではなく，さまざまな媒体を通して公表される「環境報告」のガイドラインと位置付けられている．

非財務情報と財務情報が有機的に関連づけられた統合報告については，2013年 12 月に国際統合報告評議会（International Integrated Reporting Council，以下「IIRF」）が国際統合報告フレームワークを公表し，2021 年には 700 を超える日

本企業が「統合報告」を開示している［企業価値レポーティング・ラボ 2022］．IIRF
は，2022 年 7 月に設立された国際サステナビリティ基準審議会に統合され，
グローバルで統一的な統合報告の報告基準を構築していくための取り組みが進
んでいる．同審議会は，国際会計基準審議会と同じく，IFRS 財団の傘下に設
置されている．

　統合報告とは「統合指向を基礎とし，組織の長期にわたる価値創造に関する
定期的な統合報告書とこれに関する価値創造の側面についてのコミュニケー
ションにつながるプロセス」である．つまり，これまで関連づけられることな
く別個に公表されてきた財務情報と非財務情報を合わせ（統合），持続的な価値
創造ストーリーを統合的に報告しようとするものである［桑島・田中・保田 2022：
102］．

　IIRC のフレームワークでは資本を「財務資本」「製造資本」「知的資本」「人
的資本」「社会・関係資本」「自然資本」の 6 つに分類している．ここで「社
会・関係資本」と「自然資本」が定義に加えられている点は，従来の事業活動
について再考するきっかけとなる．桑島・田中・保田［2022：93］では，「経済
的価値に社会的価値と環境的価値をあわせたものが統合価値ともいうべきもの
であり，ESG を中心に捉えたコーポレート・ファイナンス戦略は理論的には
この統合価値を最大化することを目的とすべき」と指摘している．第 1 節で示
した第 4 の波でも，まさに自然や社会も含めた広い視野が含まれていた．

3 ｜ 持続可能な社会を意識した会計教育

　会計は，財務情報の中心となる財務諸表の作成のために，企業の経営活動を
記録し，財務諸表へいかに忠実に表現するかということを考える．簿記や会計
は記録・計算のしくみであり，それをどのように活用し，どのような結果を導
くかは作成者の判断によるところも少なくはない．よって，ただ単に利益計算
の方法を学ばせるだけでなく，選択した金額や計算の判断が会計数値にどのよ
うな影響を及ぼし，ひいては社会にどのような影響を与えるのかを学生に考え
させることも重要であるといえる．本節では，学生自身が社会人として経済活
動に参加する主体として考えることを意識させた授業を検討してみたい．

桑島・田中・保田［2022：35］では，「すべてのステークホルダーを満足させる『シャンパンタワー理論』」と名付けて，次の図（**図15-2**）を提示している．これは，ジョンソン・エンド・ジョンソンのクレド「我が信条（Our Credo）」の特徴を図に表したものである．そのクレドでは，同社の尊重するステークホルダーの利益を第1に顧客（患者，医師，看護師，その家族），第2に社員，第3に社会，最後に株主としている．シャンパンタワーのように，優先順位の高い一

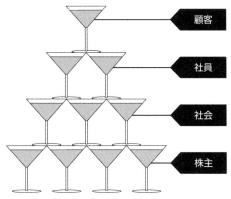

顧客，社員，社会を満足させてこそ
長期的な株主価値の向上が可能になる

図15-2　すべてのステークホルダーを満足させる「シャンパンタワー理論」

（出所）桑原・田中・保田［2022：35，図表1-13］.

番上の顧客，社員，社会を満足させて，はじめて長期的な株主価値の向上が可能になることを宣言している．桑島・田中・保田［2022：35］は，このクレドがステークホルダー資本主義そのものと言えると指摘している．会計用語においても，最終的に株主の手元に残る利益は「残余利益」と言われ，表現上はこのクレドと同様のものと考えることもできる．

　顧客が満足する商品やサービスを提供することでビジネスの持続可能性が高まる．そのビジネスを支えて活動する社員の満足度を高めることで，より良いパフォーマンスを引き出すことができるであろう．地球環境において，たとえば資源が枯渇してしまっては事業活動の持続可能性にも疑問が出る．また，石炭火力発電が相対的に安く見えたり，航空会社が利益を上げていたのも，二酸化炭素の排出にともなう環境コストを企業が負担せずに外部化していたからだと言える［桑島・田中・保田 2022：28］．

　上記の「シャンパンタワー理論」を近年の日本企業に当てはめて，会計情報に関連する項目と関連付けて考えてみる．日本の企業動向をみると2009年度と2020年度を比較すると，経常利益はほぼ倍増している一方で，従業員給料はまったく増えていないことが指摘されている［桑島・田中・保田 2022：26-27］．

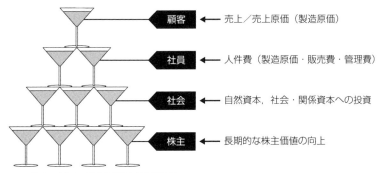

図15-3　会計をとおして考える例

（出所）桑原・田中・保田［2022：35，図表1-13］に一部加筆．

このことから，日本企業では，従業員のグラスが満たされていないにも関わらず，その下の層のグラスにシャンパンが注がれている状態といえる．

　これは，固定費を削減するために人件費を変動費化してしまった日本企業の状況としてみることができる．正規雇用の正社員を減らし，臨時雇用の従業員を増やしていく「非正規労働者」の問題といえる．非正規雇用は，柔軟な働き方の選択肢を提示する一方で，経済的に不安定な立場となる負の側面も大きく，ワーキングプア問題などにも関わる．

　また，原子力発電所などの「除去費用債務」を考えた場合に，原子力発電の発電コストをどのように考慮することができるかなど，他のさまざまな問題で検討することが可能である．会計は，これらの問題を直接解決するものではないが，現状を明らかにすることができる．よって，単に合計が合った，答えが合ったという喜びだけで終わらずに，社会人として現状を理解しどのように考え，行動するのかを考えるきっかけを提示することも可能である．持続可能な社会に向けて行動ができる人材の育成に，会計学の授業でも貢献ができると考える．

お わ り に

　本章では，まず，経済環境の変化によって企業会計のあり方が異なり，会計の対象，手段，結果が変遷していくことを概観した．持続可能な社会に向けて非財務情報（とくに環境報告）の開示の在り方も変遷し，対象が拡大し，現在では財務情報との統合化が模索されている．統合報告など，さまざまなガイドラインなどが開発・公表されているが，多くの部分は作成企業の自由にゆだねられておりさまざまな形態があり得る．ただし，ESG 投資のように一定の共通な指標の意義も大きい．

　最後に，持続可能な社会に向けた企業の取り組み事例を参考に，会計教育の中でどのような視点を盛り込むことができるのかという授業展開を検討した．より深く会計の意義を理解し，その知識を実社会の課題解決に結びつける知識へと昇華できることを期待する．

注

1）財務情報とは，損益計算書や貸借対照表などの財務諸表を中心とした貨幣金額で表される情報であり，主に過去情報と現在情報が含まれる．非財務情報とは，財務情報以外の広いものであり，貨幣金額では表せない定性的な情報が中心であり将来に対する見積もりなど未来情報が含まれる．

参考文献

環境省［2018］『環境報告のための解説書――環境報告ガイドライン 2018 年版対応――』．

企業価値レポーティング・ラボ［2022］「国内自己表明型統合レポート発行企業等リスト 2021 年版」．

桑島浩彰・田中慎一・保田隆明［2022］『SDGs 時代を勝ち抜く　ESG 財務戦略』ダイヤモンド社．

古賀智敏編著［2011］『IFRS 時代の最適開示制度 日本の国際的競争力と持続的成長に資する情報開示制度とは』千倉書房．

――――［2019］『会計研究の系譜と発展』千倉書房．

菅原智［2021］『会計のイメージを変える――経験学習による会計教育の挑戦――』．

武田隆二［2008］『最新財務諸表論　第 11 版』中央経済社．

日本公認会計士協会［2019］『実務から学ぶ会計のトレンド』中央経済社．

付馨・岡本紀明［2021］「知的資本を中心とした非財務情報に対するアプローチの変化
　　──研究者の問題意識を題材として──」『知的資本経営学会誌』7.
ヘンダーソン，レベッカ［2020］『資本主義の再構築──公正で持続可能な社会をどう実
　　現するか──』（高遠裕子訳），日本経済新聞出版本部.

（伏 見 康 子）

第
16
章

過去の「私」から未来の「私」へ
──新しい「デザイン学」の構築とその教育実践の軌跡──

は じ め に

　2020 年 4 月に新型コロナウイルスの感染拡大を防ぐため緊急事態宣言が発令されてから本章を執筆している 2022 年 8 月現在まで，社会は混乱と緊張が絶えない状態が続いている．そのような中，大学の教育現場ではクラスターを出さないよう配慮し，昨年度まではオンライン授業などの遠隔教育を導入して実施されてきたが，対面授業でないと対応できないと声を上げる教育者も少なくないと聞いた．筆者自身はなるべくオンライン授業に対応するように努め，それに合わせた教材を再作成し，指導方法も再構築して実行してきたのだが，情報系を担当する筆者でさえ，正直なところ，余裕はまったくなく四苦八苦した．特に，デザインや音楽などの制作方法を指導する演習科目においては，オンライン授業が必ずしも向いているとは言えず，直接にコミュニケーションを取って伝えねばならない状況は多々ある．しかしながら，人の命の重要性を優先し，あらゆる手段を講じて柔軟に対応していくことは，社会情勢に鑑みずとも当然のことであり，これに逆らっている教育者がいるとするならば，それは自助努力が足らないという批判に晒されることになる．

　持続可能な社会の構築に向けての教育では，どのような状況や環境に置かれても決して負けない不屈の精神と，どのような状況や環境にも適応し，柔軟に工夫しながら対応していく能力が求められる．そのような教育を推進するためには，自分が得意とする専門領域だけに固執したり，慢心したりせず，周辺領域あるいは自分の専門領域を大きく超えた領域横断的な手法をも積極的に学んで取り入れ，それを適宜援用しながら，さまざまな状況や環境に応じた教育活

動をすべからく実行していくことが必要となるであろう．そのような教育に対応できる教育者の能力や質は，平時よりも，現在のような非常時にこそはっきりと見えてくるものである．

　振り返って，私自身，持続可能な社会に向けての教育に十分対応できているかどうかは半信半疑なところもあるが，これまでの人生と研究活動や教育活動などを振り返りながら，筆者の考える「デザイン学」の教育観を語ってみたいと思う．

1 美に親しむ

　一般に，「アート」という言葉からは，絵を描くような表現能力をイメージする人が多いのではないかと思う．しかし，筆者の場合，作品を制作することよりも，作品を鑑賞すること，すなわち，美を受容し，分析できる能力に重きを置いている．何故そのような思考に至ったのかと言うと，筆者の生い立ちと少なからず関係がある．

　筆者の亡き父母は，兵庫県姫路市で40年以上画廊を経営していた．画廊は，洋画家の鴨居玲先生や中西勝先生，西村功先生，ドイツ文学者の池内紀先生などの著名な方々をはじめ，画家や学者，デザイナー，漫画家，文筆家などのさまざまな文化人が集まり，片田舎に美の風を吹き込むサロンのような場となっていた．そのような場で働く両親の背中を見て育った筆者にとって，アートはごく身近なものであり，その見方や扱い方の基本については，学ばずとも，自然に身についていた．

　父は国内での美術品の売買を基本としていたが，時にはアメリカやフランスなど海外に渡航して，美術品を買い付け，国内の美術館や博物館などに納品するといった仕事もしていた．よって，筆者は，国内では東京や大阪などで開催されている美術品の交換会，海外では世界的に有名なサザビーズ（Sotheby's）やクリスティーズ（Christie's）のオークションに同行したこともあった．そこで画家や美術関係の専門家，オークショニアの方々とお会いして，話を伺ううちに，美に関する研究の世界に興味を持つようになった．両親は，画廊経営の道を目指すことを強要せず，筆者の研究者になる夢を最後まで応援してくれた．

筆者の研究者としての素地は，以上のような経験から培われた．

2　情報処理の基礎を学ぶ

　幼少期より美に囲まれた環境で育った筆者であったが，それに反発するかのように最新の技術にも興味を持っていた．1983 年から発売された任天堂のファミリーコンピュータなどのテレビゲームにどっぷりとはまった．そして，学生時代も外出すればゲームセンターに入り浸り，家にいれば NEC のパソコン（PC-9801）のゲームに親しんだ．今で言うところの，いわゆる，「ゲームオタク」であった．そのようなテレビゲームに夢中になっていた時代は，インターネットや携帯電話がまだ普及していなかった頃だったが，美術の業界にも情報化の波が訪れることは安易に予想できた．そこで，コンピュータについて本格的に学ぶために情報系の大学へ進学し，情報処理の基本やプログラミングなどを学んだ．

　大学ではマルチメディアの分野に興味を持ち，ゼミナールではコンピュータミュージック（DTM）に取り組んだ．当時流行っていたミュージシャンを真似て，パソコンとシンセサイザーを用いた音楽活動にも挑戦した．また，大学では趣味として合気道を学んだが，その指導を行う大学講師が学部時代に心理学を学んでいたことを知り，心理学分野にも興味を持った．その大学講師のもとでアルバイトとしてアンケートデータの入力作業を手伝ったこともあった．大学時代でのさまざまな経験は筆者の今後の方向性に少なからず影響した．

3　学芸員の夢と挫折を経験する

　大学卒業後，父の勧めもあって，イギリスのロンドンに留学した．そこで出会ったミュージアム・エデュケーターの仕事と博物館展示を補助するハイテクな装置に興味を持った．しかし，アートの専門家でもなく，また，情報処理のプロと言うわけでもない中途半端な立場の当時の筆者は，帰国後，自分自身をどのような場所でどのように活かして人生を切り拓いていくのかが全くわからず，路頭に迷ってしまった．これまで好き勝手にやってきたことのツケが一気

に回ってきたという感じである．当時はまだ一般に普及していなかった，いわゆる，「引きこもり」や「ニート」を先駆的に体験することになった．しかし，このまま何もせず立ち止まっていては埒が明かないと考え，再度大学に入り直して学芸員資格を取得し，当時の日本にはまだ存在していなかった情報系の学芸員になることを志すことにした．

　資格取得までの間，姫路のある美術館の学芸員の勧めで，博物館関連の研究会に定期的に参加することになった．その研究会は，筆者以外は学芸員か展示会社の人ばかりで，単なる民間人は筆者だけであった．筆者は単に資格を取得することだけが目的ではなく，真剣に学芸員になるための勉強をしていたので，何事も修行だと思い，参加していた．その研究会に参加してだいぶ経った頃，情報系の学芸員の必要性を社会に訴えたく，また，自身の就職活動にも活かせると思い，鑑賞者のための博物館の情報化に関するレポートを作成した．このレポートを研究会で何人かの学芸員に見てもらったが，その際，大阪のある博物館の学芸員から，「たとえば，猫の絵をコンピュータが猫だと分かるようにならないと博物館では使い物にならない」と言われ，筆者のレポートは読む価値がないと突き返された．当時大変ショックを受け，自分があまりにも無力であることが非常に悔しかった．しかし，その事がきっかけで学芸員になる道をすっぱりと諦め，大学院へ進学し，より専門的に鑑賞について研究することを決意した．その決意を聞いた博物館の学芸員には，大学院に行っても無駄だと言われたが，その言葉に臆することなく，むしろ研究で人生を切り拓くことに決めた．

4 デザインと感性の研究の世界へ入門する

　25年程前，博物館の情報化と鑑賞者の関係についての研究の必要性を理解し，受け入れてくれる大学は，関西圏ではほとんどなかった．しかも，学芸員資格を持っている程度で研究歴が全くないど素人だったので，いくら熱意を持って説明しても，どこの大学でも相手にされず，門前払いを受けた．たとえば，ある大学の研究室に訪問した際，横で話を聞いていた大学院生に笑われたり，そんなもんいらんとばかりに詰められたりすることすらあった．半ば諦めか

けていた頃，偶然にも，亡き父の昔の知人が，関東のある国立大学で美術を指導する教授として在職しておられることが分かり，その方のお知り合いの教授を何人か紹介してもらえることになった．その中でも，美術鑑賞をテーマに人間の感性について研究しているデザイン分野の研究室が，筆者の考える趣旨と一番合っているだろうということで，デザイン系のある教授を紹介された．その教授に鑑賞者のための博物館の情報化についての筆者の考えを伝えたところ，訝しげに話を聞いておられたが，面白そうな点が少しはあったそうで，しばらく研生生として置いてもらえることになった．数カ月の研究生の期間を送った後，大学院の試験を受けて正式に入学することができ，その教授の下でデザインに対する感性を研究する手法である感性工学を一から学ぶことになった．

　研究室は，デザインの経験者ばかりだったので，デザイン技術のない未熟な筆者は，大変難しい世界に入門してしまったと思った．教授の指導は厳しく，時には屈辱に感じることもあった．大学院の時代は周囲や環境に馴染めず孤独だったと思う．しかし，人生を賭けて関西から関東に出向いて学んでいたので，辛い思いをしてもひたすら耐え，死にものぐるいで研究に励み，少しずつ研究成果を出していった．

　大学院では，造形に対する人の印象評価について研究した．まずは，伝統的な印象評価法を用いて，美術品に対する鑑賞者の視覚的印象を研究した．本研究では，印象語を用いて収集した印象評価データに対し，主成分分析などの多変量解析を用いて分析し，絵画から受ける鑑賞者の印象特徴の解釈を試みた．次に，新たな評価法を求めて，立体造形に対する触覚的鑑賞行動から印象を予測する手法を考案し，その計測装置の開発を行った．本研究では，立体造形の触覚的鑑賞行動を時系列的データとして抽出し，重回帰分析により，触覚鑑賞行動と印象の総合評価を行った．視覚領域に限定されていたデザイン評価研究を触覚領域に広げた点が評価され，デザイン学の博士号が授与された．

5　他分野との横断的研究を経験する

　大学院で苦労していた最中は，博士号さえ取得できたら人生は何とかなるだろうと思っていた．しかし，大学院修了後に明るい未来が待っているわけでは

なかった．半ば追い出されるように大学院を出た後，何のツテもない筆者には特に声がかかるわけもなく，また，教員公募に出しても採用されず，再度路頭に迷うことになった．これまで感性研究にのみ集中していた筆者は，デザイナーとしてはもちろん，研究者としても世間には全く認められていなかったことを再認識し，絶望感に苛まれた．しかし，このような悲惨な状況に挫けず，あちこち飛び込みで自分を売り込んだ．自分の専門分野に関係のありそうな企業や大学の研究室などに手当り次第電話をかけたところ，幾つかの大学研究室や研究所，美術館などで話を聞いてもらうことができた．結局のところ，デザイン分野とは全く異なるスポーツ教育分野の教授とのご縁を頂き，大学のアルバイト研究員からスタートできた．この仕事で，複数の領域を横断した研究に携わるという非常に良い経験をさせて頂いた．その後，独立行政法人の研究所の工学分野の先生の下でポスドクとして雇って頂くことになり，研究者としての実績も少しずつ上がっていった．筆者が学んだ感性研究の手法を活かし，スポーツ教育分野との共同研究，工学分野との共同研究を行い，それぞれ研究成果を残すことができた．

　その研究成果の1つとして，日本の伝統的な意匠である家紋を対象とし，印象情報を用いた家紋画像検索システムの構築がある．まず，家紋に対する印象を調査し，次に，収集した印象評価データを主成分分析し，家紋の印象特徴を抽出した．また，パターン認識技術を用いて家紋の画像特徴（高次局所自己相関特徴）を抽出した．そして，2つの特徴を正準相関分析により関係付け，印象と家紋の双方向検索や類似画像検索を実現するツール「家紋リトリーバー」を開発した．本ツールは国内外で発表したが，特許情報などを扱う機関からも興味を持たれ，一定の評価があった．

　もちろん，全ての研究活動がうまく運んだわけではない．他分野に入り込んだわけだから，門外漢として辛酸を嘗めることも少なからずあった．領域横断的研究の難しさや期限つき雇用形態の立場の弱さなどを噛み締めながら，研究者としてなんとか食いつないでいった．

6 教育の世界に入門する

　本格的に大学教員として就職したのは，研究所のポスドクになって3年以上経ってからだった．お世話になった研究所を退所し，これからは，大学で教鞭を取りながら，研究に励んでいくことができる環境に身を置くことに心が踊った．

　大学では，研究よりも教育が優先されることが一般的だが，それだけではなく，さまざまな業務をこなせることが期待されている．ある大学では，何も分からないことを良いことにパワハラによる圧力や嫌がらせ，生き残りをかけた駆け引きや政治などに巻き込まれることもあった．任期つきの教員に対して，権力を傘にきたいじめや詰り，誹りなどで疲弊することも多々あり，大学教員としてのサバイバルは，研究とは本質的に全く異なる能力が必要であることを実感した．しかし，どのような過酷な環境であっても，研究業績だけは残さなければならないと考え，どの大学に在職中でも，感性とデザインに関する研究は粛々と続けていった．

　一例を挙げると，デザイン教育への印象評価法の導入に関する研究がある．本研究は，デザイン教育における印象情報を用いた科学的分析法の活用可能性を調査することを目的に，印象評価を用いたデザイン評価方法を検討したものである．学生のイラスト作品の制作と評価の方法は，① 試作品の制作，② 試作品を改良するための情報の収集，③ 改良作品の制作，④ 印象の選別，⑤ 印象調査の5つのプロセスを設定して実施し，イラストの印象調査で得られた印象評価データについて主成分分析し，印象特徴を解釈した．さらに，イラストを制作した学生の作品評価とデザインの専門家による作品評価の差を調べるため，主成分分析結果から代表的な印象情報を厳選し，学生と専門家の印象評価の差を調べた．その結果，最も寄与率の高い第1主成分において，両者の評価基準が異なる可能性が認められた．したがって，デザインの作品評価における専門家の評価は不可欠であること，そして，デザイン評価における印象情報を用いた科学的分析法の導入は十分可能であることが本研究で示唆された．

　また，デザイン教育への印象評価法の導入を支援する教材の開発も行った．

最近では，人の印象を定量的に分析する研究は増えてきており，これを指導する大学も，徐々にではあるが，増えてきた．しかし，心理学や統計データ解析などの知識と経験が要求される本手法は，初学者にとって必ずしも扱いやすいものではなく，十分に扱えるようになるまでのハードルは高いと言わざるを得ない．そこで，科学研究費補助金（JSPS 科研費 25882047）の助成を受け，印象を調査・分析する際の複雑な作業やプロセスを支援する「印象評価サポートツール」を開発した．まず，マクロ作成用言語（VBA）を用いて印象評価サポートツール（Excel 版）を開発した．本ツールは，利用者の作業進行を助ける「ガイドツール」，アンケート作成作業を助ける「アンケートツール」，多変量解析による分析作業を助ける「分析ツール」によって構成される．次に，Excel VBA を利用できない環境の人のために，そして，より多くの利用者に本ツールを活用してもらうために，サーバーサイド Java を用いて Excel 版と同等機能を Web 上で実現する印象評価サポートツール（Web 版）を開発した．

　本学に着任してからは，新たに科学研究費補助金（JSPS 科研費 17H07315）の助成を受け，上記のツールを改良して，印象評価 WEB アンケートツールや印象評価分析ツールを開発した．そして，デザインの印象評価実験を幾つか行って，本ツールの可用性を確認した．また，複数の大学の授業で本ツールを使用して頂いたところ，効率的かつ効果的に利用できるものとして高評価を得た．さらに，本学の情報系教員の協力を得て，印象評価分析を支援することを目的とした画像解析ツール（色相分析やシルエット分析，フーリエ解析，円検出が可能なツール）も開発した．

　筆者自身も本学の授業の中で上記のアンケートツールや分析ツールを活用しているが，近年のコロナ禍において，オンライン授業にも十分に活用可能であることが確認できた．特筆すべき点として，非常時においても通常の対面授業と同様の展開ができるため，デザイン教育における頑健性の高い教材ツールとして活用できることが証明された．

　現在は，以上の研究の発展として，新たに科学研究費補助金（JSPS 科研費 19K03101）の助成を受け，大衆文化コンテンツ（たとえば，漫画やアニメなど）を対象に，これまで行ってきた感性研究の手法と印象評価分析ツールの開発技術を活かし，国際文化交流に貢献可能なツールの開発を目標に研究プロジェクト

を遂行している.

7 新しいデザイン学の教育研究を追求する

　現代は,　VUCA（Volatility,　Uncertainty,　Complexity,　Ambiguity）の時代と言われている.　未来予測が不可能で,　正解がない現代社会において,　各々が自らの創造性を発揮し,　独自の解決法を見出す能力が必要である.　簡単に解決できない複雑な問題が数多く存在する現代において,　自分の専門分野にだけ固執して試行錯誤するだけでは,　解決できることが局所的になるため,　領域横断的な視点を持ち,　自分の専門分野の枠を超えて多様性を受け入れ,　それをさまざまな創造的活動や教育研究活動に活かすことができる人材が求められるようになってきた.

　しかしながら,　そのような理想的な目標を掲げても,　現実は受け入れる体制がなく,　保守的であることが多い.　多様な考えや価値観を柔軟に受け入れる余裕のある人間はそれほど多くはなく,　アートやデザインの分野においてもまた然りである.　筆者が経験してきたさまざまな出来事や研究は,　初期の段階から,　人文社会科学の分野から自然科学分野までの幅広い分野に亘って,　領域横断的な,　いわゆる,　学際的なアプローチを志向する取り組みであったため,　周囲からは理解がなかなか得られず,　苦労の絶えないことも多かった.　しかし,　苦しい経験を 1 つずつ乗り越え,　結果的には,　自分自身を狭い専門領域に拘泥させるのではなく,　自由闊達に研究領域の枠を超えた環境でも最適解を求めることができる柔軟性のある人材となるよう成長させてくれたと信じている.　実際,　さまざまな分野の方々と共同で行った感性研究の中で,　議論を重ね,　苦労して捻り出したアイデアや知見,　手法などが,　コロナ禍の状況においても対応可能で,　頑健性のある教材ツールを開発することに繋がった.

　全国のデザイン教育の現場では,　表現力の育成に力点を置いているところが多く,　調査能力や分析能力を重視し,　情報技術や心理統計解析などを活用した科学的なデザイニングや分析能力の育成に力を入れているところは,　まだそれほど多くはない.　しかし,　デザイン教育における科学的なデザイニングや分析能力の育成は,　多様性を受け入れ,　分野の枠を超える力を身に付ける,　次世代

のデザイン教育において最も重要な武器の1つとなることを，これまでの筆者の教育研究の経験から確信している．

　現在，筆者は「感性心理学」という講義を担当しているが，その講義では「印象などの感性心理情報を用いたデザイン分析とそこから導き出される効果的なデザインの提案」を指導している．このような方法は，いわゆる，マーケットリサーチやサービスデザインなどにも関係するもので，社会にある未知の，あるいは，未解決な課題を発見し，また，それを解決するための方法を見出そうとするデータサイエンスを用いた科学的なデザイン手法である．

　これからのデザイナーは，より論理的かつ客観的に物事を分析し，説明できる能力，すなわち，課題を発見する能力や情報を収集，分析，抽出，提示する能力などが必要とされる．なぜなら，主観的なデザインを，デザイナーは分析者として客観的に語らねばならず，また，これを社会実装するために，自信をもって説明できる能力が求められるからである．こうした能力は一朝一夕で身に付けられるものではなく，これを専門とする者から指導を受け，地道に体得していく必要がある．デザイナーの新しい武器となるデザインを科学的に分析し，それを未来のデザインに活かしていく，データサイエンスを用いた新しい「デザイン学」を探求し，大学教育の中で展開することが筆者のこれからの務めであると思っている．

おわりに

　これまでの人生と教育研究の経験をふまえ，筆者は「他者のためのデザイン」という視点をデザイン教育の中で指導している．制作技術やコミュニケーションなどあらゆる面で未成熟な学生が制作した自作品をそのまま飾るだけでは，有名作家気取りで思い上がり，鑑賞者のことなどこれっぽっちも考えないような独善的な人間に育ってしまう可能性が危惧される．「他者のためのデザイン」とは，そうならないように私が考えた思考で，アメリカの認知科学者のD. A. ノーマンのいう「誰のためのデザイン」を参考にしてアレンジした造語である．学生が制作する作品には，何が描かれているのか，何を伝えたいのか分かりにくいものも少なくない上に，作品展ではそのような作品を見下して，

罵ることに終始する鑑賞者も残念ながら存在する．公の場で学生作品をあざ笑う鑑賞者の人間性はさておき，学生自身からも積極的に作品鑑賞にかかわっていかないと，自らの作品を客体化した視点で評価することとともに，作品を一般の人に深く理解してもらうこともまた難しいのではないかと思う．「他者のためのデザイン」という言葉には，学生自身に作品の制作意図や内容を説明してもらい，鑑賞者に自作品の理解を促すよう努めなさいという指導の意味が含まれる．学生は，作品の制作者であると同時に，情報の伝達者として鑑賞者に手を差し伸べるよう，鑑賞を支援する行為の重要性を学習する主体者であるという，筆者のデザイン教育の理念がこの言葉に込められているのである．

　筆者の講義やゼミナールでは，たとえば，「デザインは，自己満足な独りよがりのものづくりではなく，他者に自作品の内容や制作意図などを理解してもらい，作品に共感してもらえるようなアピールや工夫が大事である」ということを繰り返し説明している．作品展を企画した場合，綺麗に作品を仕上げることだけでなく，他者に理解してもらうための展示方法や解説情報に工夫を凝らすことにも拘っている．このような筆者のデザイン教育の方法や理念は万人受けするものではないかもしれない．しかし，筆者のデザイン教育では，人が作品をどのように鑑賞し，作品をどのように受け取るのかという鑑賞者の感性的側面を重視し，他者に対して真心や思いやりをもって優しく鑑賞を支援する方法も学んで欲しいと考えている．

　同志社大学文化情報学部の山内信幸教授は，筆者の「他者のためのデザイン」の考え方に共感し，パーソナルコミュニケーションの中で，次のように述べている．

　　デザインという極めて個人的な産物が，実際は社会を映し出す鏡となっていることを理解できれば，そこには，表現者である自己と鑑賞者である他者とのかかわりの中で成立する一種の「社会契約」のようなものが常に存在し，単に絵の上手下手のレベルの問題ではないことに気づくことができる．表現者側が他者への配慮という視点を持つことで，鑑賞者側の気づきを促し，デザインという作品を通して，両者の「対話」が可能になる．鑑賞者側が仮に美術品に対する審美眼を持っていなくとも，表現者の意図

を素直に共有できる澄んだ心の眼を持っていれば，表現者の視点や意図が反映された本物だけが放つ「輝き」を見抜く感性が養われるはずである．

　自分の作ったものが笑われることを恥じる日本の国民性は，グローバル化された社会で複数の価値観が共存する現代において，改めていくべきものと考える．上手に作られた作品をなぞったまがいものを評価し，未成熟な段階のオリジナリティをせせら笑うことこそ，真の輝きを見抜けない恥ずべき行為と言っても過言ではない．少なくとも，制作・表現に関わる者や教育・研究に携わる者は，権力に諂い，優位な立場から他者を虐げたり，事実を歪曲したり，些細な技術や成果に慢心し，浅薄な価値観で他者を見下したりするような人間になってはならず，常に自分には厳しく謙虚な姿勢を保ち，他者には優しく寛容であることが期待されている．個性と自己肯定感を高めながら，他者を寛大に受容できる気概を育てることが，持続可能な社会を切り拓くためのデザイン教育に必要ではないかと考える所以である．

謝辞

　本章の作成にあたり，適切なご意見やご助言を賜り，校正におきましても多大なご協力を頂きました山内信幸教授，森崎千晶様に感謝の意を表します．

（森崎巧一）

索　引

《執筆者紹介》（執筆順）

今 橋　　裕（いまはし　ひろし）[第1章]

1972年生まれ．大阪大学大学院工学研究科博士課程後期課程修了，博士（学術）．現在，京都経済
短期大学経営情報学科准教授．

主要業績

"Brand management of small and medium-sized enterprises in Japan"（共著），*International Journal of Japan Association for Management Systems*, 9(1), 2017.『ファミリービジネスのイノベーション』（共著），白桃書房，2018年．"Quantitative analysis of the smile curve – empirical analysis targeted for the Japanese food and manufacturing industries"（共著），*International Journal of Business and Systems Research*, 15(4), 2021.

植 田 憲 司（うえだ　けんじ）[第2章]

1979年生まれ．東京大学大学院人文社会系研究科修了．現在，京都経済短期大学経営情報学科専任
講師．

主要業績

『これからのアーキビスト』（共著），勉誠出版，2014年．『戦後京都の「色」はアメリカにあった！カラー写真が描く〈オキュパイド・ジャパン〉とその後』（編著），京都文化博物館，2021年．

岡 村 靖 人（おかむら　やすと）[第3章]

1991年生まれ．追手門学院大学大学院心理学研究科博士後期課程修了，博士（心理学）．現在，京
都経済短期大学経営情報学科専任講師．

主要業績

"If I feel ticklish, I will keep my distance, but if I feel itchy, I will approach you: Ticklish and itchy sensations influence the interpersonal distance"（共著），*International Journal of Psychological Studies*, 11, 2019. "Shapes of faces and eyeglasses influence the judgement of facial impressions in a metaphor-consistent manner"（共著），*Current Psychology*, 39, 2020.

片 山 康 彦（かたやま　やすひこ）[第4章]

1961年生まれ．立命館大学大学院言語教育情報研究科修士課程修了．現在，京都経済短期大学経営
情報学科特別任用常勤講師．

主要業績

『KYOTO AND NARA – HISTORIC CITIES』（編著），文英堂，2006年．『大学入試センター試験
対策　シミュレーター リスニング』美誠社，2019年．『大学入試センター試験対策　シミュレーター40』（共著），美誠社，2019年．

加 藤　　康（かとう　やすし）[第5章]

1970年生まれ．同志社大学大学院商学研究科博士後期課程単位取得退学．現在，京都経済短期大学
経営情報学科教授．

主要業績

「サプライチェーンとロジスティクス——倉庫と情報——」『工業経営研究』23.「家電サプライ
チェーンと倉庫業」『同志社商学』64（5）.

功刀 祐之（くぬぎ ゆうし）[第6章]

1981 年生まれ．上智大学大学院経済学研究科後期課程満期退学，博士（経済学）．京都経済短期大学を経て，現在，京都産業大学経済学部助教．

主要業績

"Cost-efficient strategy for reducing PM 2.5 levels in the Tokyo metropolitan area: An integrated approach with air quality and economic models"（共著），*PloS one*, 13(11), 2018. "The Long-Term Impact of Wind Power Generation on a Local Community: Economics Analysis of Subjective Well-Being Data in Chōshi City"（共著），*Energies*, 14(13), 2021.「主観的幸福度と人工資本・自然資本」（共著），『持続可能性と Well-Being 世代を超えた人間・社会・生態系の最適な関係を探る』日本評論社，2022 年．

高阪 勇毅（こうさか ゆうき）[第7章]

1982 年生まれ．大阪大学大学院経済学研究科博士後期課程修了，博士（経済学）．現在，京都経済短期大学経営情報学科准教授．

主要業績

「ETF 導入は日経 225 現先間の裁定取引を活発にさせたか」『金融経済研究』30，2010 年．"Disposition Effect and Diminishing Sensitivity: An Analysis Based on a Simulated Experimental Stock Market"（共著），*Journal of Behavioral Finance*, 18(2), 2017.『今日から使える行動経済学』（共著），ナツメ社，2019 年．

小島 理沙（こじま りさ）[第8章]

1977 年生まれ．神戸大学大学院経済学研究科博士後期課程単位修得退学，博士（経済学）．現在，京都経済短期大学経営情報学科教授，神戸大学大学院経済学研究科特命講師．NPO 法人ごみじゃぱん理事．学校法人明徳学園副理事長．

主要業績

"Consumer Willingness-to-pay for Packaging and Content in Asian Countries"（共著），*Waste Management*, 68, 2017.「食品ロス研究に関する総説」（共著），『国民経済雑誌』220(3)，2019. 2017 年第 18 回グリーン市場拡大のためのグリーン購入大賞，2019 年度京都環境賞奨励賞等受賞．

近藤 汐美（こんどう しおみ）[第9章]

1986 年生まれ．同志社大学大学院商学研究科博士後期課程修了，博士（商学）．現在，京都経済短期大学経営情報学科講師．

主要業績

「企業におけるリスク情報開示の社会学的分析――N. ルーマンのリスク論に依拠して――」『産業経理』75(3)，2015 年．『会計研究の系譜と発展』（共著），千倉書房，2019 年．「会計システムとコミュニケーション――ルーマン理論を視座として――」『経済社会学会年報』42，2020 年．

佐 藤 健 司 (さとう けんじ)[第10章]

1965年生まれ．同志社大学大学院商学研究科博士後期課程単位取得退学，修士（商学）．現在，京都経済短期大学経営情報学科教授．

主要業績

『ニューディール労働政策と従業員代表制』（共著），ミネルヴァ書房，2009年．『アメリカの経営・日本の経営』（共著），ミネルヴァ書房，2010年．『働き方改革と「働きがい」のある職場』（共著），晃洋書房，2019年．

小路 真木子 (しょうじ まきこ)[第11章]

1966年生まれ．京都大学大学院理学研究科博士後期課程修了，博士（理学）．現在，京都経済短期大学経営情報学科教授．

主要業績

『情報処理基礎』（共著），久美出版，2004年．"Spectroscopic Studies of Limb Spicules. I −Radial and Turbulent Velocities"（共著），*Publications of the Astronomical Society of Japan,* 62(4), 2010. 「印象分析のための実用的円検出ツールの開発」（共著），『京都経済短期大学論集』28(1), 2021年．

高 橋 和 志 (たかはし かずし)[第12章]

1980年生まれ．名古屋市立大学大学院経済学研究科博士後期課程経営学専攻修了，博士（経済学）．現在，京都経済短期大学経営情報学科准教授．

主要業績

『組織学への道』（共著），文眞堂，2014年．「地域共同体の組織論的分析」『京都経済短期大学論集』25(2), 2017年．

高 橋 弘 (たかはし ひろし)[第13章]

1955年生まれ．神奈川大学外国語学部英語英文科卒業．現在，京都経済短期大学学長．

主要業績

"The History, Tradition, and Culture of Kyoto Prefecture"（共著），京都府総合教育センター・京都大学学術情報メディアセンター語学教育システム研究分野，2012年．

濵 口 喜 広 (はまぐち よしひろ)[第14章]

1985年生まれ．大阪大学大学院経済学研究科博士後期課程単位修了満期退学，博士（経済学）．現在，京都経済短期大学経営情報学科講師．

主要業績

"Positive Effect of Pollution Permits in a Variety Expansion Model with Social Status Preference," *The Manchester School*, 87(4), 2019. "Does the Trade of Aviation Emission Permits Lead to Tourism-Led Growth and Sustainable Tourism?," *Transport Policy*, 105, 2021. "Economic Perspectives of Sustainable Tourism in Before and After Corona," *Sustainable Tourism: Frameworks, Practices, and Innovative Solutions, forthcoming,* Palgrave-Macmillan, 2023.

伏 見 康 子 (ふしみ　やすこ) [第 15 章]

　1976 年生まれ. 神戸大学大学院経営学研究科博士後期課程修了, 博士 (経営学). 現在, 京都経済短期大学経営情報学科准教授.

主要業績

　『財務会計のイノベーション——公正価値・無形資産・会計の国際化による知の創造——』(共著), 中央経済社, 2009 年. 『会計研究の系譜と発展』(共著), 千倉書房, 2019 年.

森 崎 巧 一 (もりさき　のりかず) [第 16 章]

　1972 年生まれ. 筑波大学大学院芸術学研究科博士課程修了, 博士 (デザイン学). 現在, 京都経済短期大学経営情報学科教授.

主要業績

　『造形の印象評価とその特徴抽出』筑波大学大学院芸術学研究科博士論文, 2004 年, 「印象情報を用いた家紋画像検索とその評価」(共著), 『芸術工学会誌 Design Research』47, 2008 年. 「デザイン教育を支援する印象評価サポートツールの開発」(共著), 『芸術工学会誌 Design Research』, 71, 2016 年.

持続可能な社会に向けて

2023年3月30日　初版第1刷発行　　　　　＊定価はカバーに
　　　　　　　　　　　　　　　　　　　　　表示してあります

著　者　京都経済短期大学
　　　　経営・情報学会 ©

発行者　　橋　本　豪　夫

印刷者　　田　中　雅　博

発行所　株式会社　晃　洋　書　房
〒615-0026　京都市右京区西院北矢掛町 7 番地
電話　075(312)0788番(代)
振替口座　01040-6-32280

装丁　(株)クリエイティブ・コンセプト　印刷・製本　創栄図書印刷㈱

ISBN 978-4-7710-3715-1